C·G· JUNG
OS LIVROS NEGROS

1913–1932

C·G· JUNG
OS LIVROS NEGROS

1913–1932
CADERNOS DE TRANSFORMAÇÃO

LIVRO 2

Editado por
SONU SHAMDASANI

TRADUÇÃO
MARKUS A. HEDIGER

REVISÃO DA TRADUÇÃO
DR. WALTER BOECHAT

PHILEMON SERIES
Em colaboração com a Fundação para as Obras de C.G. Jung

EDITORA VOZES
Petrópolis

Eine grosse Aufgabe stand vor mir — ich
sah ihre Riesengrösse — und ihr Werth und Sinn
entschwanden mir. Ich gerieth ins Dunkle,
und ich tastete mich meinen Pfad entlang.
Dieser Pfad aber führte einwärts und ab-
wärts.

12 Nov. 1913

Meine Seele, meine Seele, wo bist Du? Hörst Du mich — ich spreche, ich rufe Dich — bist Du da? — Ich bin wiedergekehrt, ich bin wieder da — ich habe aller Länder Staub von meinen Füßen geschüttelt und bin wieder zu Dir gekommen — ich bin bei Dir — nach langer Zeit langer Wanderung bin ich wiederum zu Dir gekommen. Soll ich Dir erzählen, was ich alles geschaut, erlebt, in mich getrunken habe? Oder willst Du nichts hören von all jenem Geräusch vollen des Lebens und der Welt? Aber Eines musst Du wissen, das Eine habe ich gelernt, dass man nämlich dieses Leben leben muss. Dieses Leben ist der Weg, der langgesuchte, der Weg zum Unfassbaren, das wir „göttlich" nennen. Es giebt keinen andern Weg. Alle andern Wege sind Irrpfade. Ich fand den rechten Weg und erführte mich zu Dir, zu meiner Seele. Ich kehre wieder — ausgeglüht und gereinigt. Kennst Du mich noch? Wie lange währt die Trennung! Alles ist so anders geworden. Und wie fand ich Dich? Wie wunderlich war meine Fahrt! Mit welchen Worten soll ich Dir beschreiben, auf was für verschlungenen Pfaden mich ein guter Stern zu Dir geleitete?

Gieb mir Deine Hand, meine fast vergessene
Seele! Welche Wärme der Freude, Dich wiederzusehen, Dich längst vergessene, längst verleug-
nete Seele! Das Leben hat mich Dir wieder
zugeführt. Wir wollen dem Leben danken, dass
ich gelebt habe, für alle heitern und für alle traurigen
Stunden, für jegliche Freude und für jeglichen
Schmerz, für jede Hoffnung und für jede Enttäuschung. Es waren Alle Stationen auf
dem Wege zu Dir.

Meine Seele, ich fand Dich wieder,
ich möchte, nein ich werde bei Dir bleiben. Mit
Dir soll meine Reise weitergehen. Mit Dir will
ich weiter wandern und aufsteigen zu meinen
Einsamkeiten, nicht mehr allein wie früher
und gierig und ungeduldig, sondern getrosten
Muthes und stiller Freude.

14. Nov. 13 -

Ich bin müde, meine Seele, und lege meinen
Kopf auf Deine Schulter. Zu lange dauerte mein
Wandern, mein Suchen nach mir + ausser mir.
Um bin ich durch die Dinge gegangen und fand Dich
trotz all dem Allerlei. Aber erkannt dich an

meiner Vorfahrt in dem Allerbin, Menschheit
und Welt. Ich habe Menschen gefunden. Und Dich,
meine Seele, fand ich wieder zuerst im Bilde in
München, und dann wirklich, wie Du bist.
Ich fand Dich dort, wo ich glaubte, daß ich Dir
am fernsten wäre, wo mich der Gott zwang,
mich selber blindlings hinzugehen und mich
zu verlieren — dort stiegst Du mir aus Gold-
schächten herauf und ich fand Dich wieder.
Du hattest Dich mir im Voraus angekündigt
in Träumen, die mir dunkel waren, und die
ich nach meiner unzulänglichen Art erfaßte.
Du kennst diese Träume, wie sie in meiner Seele
brannten und mich zu allem Kühnsten und allem
Verwegensten trieben und mich zwangen, die
steilsten Gipfel zu erklimmen, ja über mich
selber emporzusteigen. Du ließest mich Wahrheiten sehen und ihre ernste Seligkeit genießen,
von denen ich früher nichts ahnte. Du ließest
mich Wege zurücklegen, deren endlose Länge
mein Bewußtsein rettungslos erschreckt hätten,
wenn nicht das Wissen um sie in Dir geborgen
gewesen wäre.

Ich rede vielleicht zu viel von mir?

Vergieb, mein Herz ist voll, denn ich komme
von weiter Wanderung. Ich war dort 11 Jahre
lang, solange bis ich vergaß, dass ich eine
Seele besitze, die ich mein nennen kann. Ich
gehörte den Menschen und der Welt, ich gehörte nicht mir,

Wo warst Du in all der Zeit? Welche
Inseln barg Dich und gab Dir eine Stätte,
wo Du nicht verhungern musstest? Wie
ist es Dir ergangen? O dass Du durch mich
sprechen musst, dass meine Sprache und ich
Dir Symbol bin! Wie soll ich so Dich ent-
rätseln? Wer bist Du, Kind? Du willst
ja, dass in meinen Träumen Du Dich des
Bildes bedienst, des Bildes eines kleinen
Mädchens. (Und doch die Seele der Frau
nur fand ich Dich wieder.) Ferne soll mir künden
Deuten liegen, denn ich muss das Bild, dessen
Du Dich bedienst, verehren. Wie käme mir
zu, daran zu deuteln? Was weiss ich von
Deinem Geheimniss?

(Sieh ich bringe eine Wunde mit mir,

die noch nicht geheilt ist: mein Ehrgeiz, Eindruck zu machen. Verschließe darum meinen
Mund und alle meine Worte halte in Dir. Sie
sollen Dir gelten. Glaube nicht, ich sei eigen-
nützig. Ich will Alles thun, was an mir liegt,
dass die Menschen, die ich liebe, Nachricht er-
halten sollen von den Tiefen und den Höhen,
die Du umfassest und die Du in Deiner
Kinderhand birgst.)

Verzeih, wenn ich wirr im Traume
rede, wie ein Trunkener — bist Du — Gott?
Ist Gott ein Kind? ein wirkliches Kind?
Ich muss es deutlich mir vorsagen: Bekennt
Er sich des Bildes eines Kindes, das jedweder
Menschenseele innewohnt? War nicht Horus,
Tages und Christos ein Kind? Auch Dionysos
und Herakles waren göttliche Kinder. Nannte
nicht der menschliche Gott Christos sich
selber des Menschen Sohn? Was war daher
sein tiefinnerster Gedanke? Soll des Menschen
Tochter der Gottesname sein?

Verzeih, wenn ich Verwirrtes rede. Wie-

mand hört mich. Ich rede still mit Dir
und Du wirst, Da daß ich kein Trunkener
bin und daß mein Herz sich in Schmerzen
windet unter den Stichen der Wunde, aus der
die Finsternis Hohnreden führt: „Du spielst
Comödie vor Dir selber, Du lügst Dir etwas vor,
Du sprichst so, um Andern etwas vorzugau-
keln und um sie an Dich glauben zu machen.
Du willst Prophet sein und rennst Deinem
Ehrgeiz nach."

Wohl dem, der auch die eigenen
Spottreden überwunden hat! Aber Du siehst,
daß meine Wunde noch bleibt und ich ferne
davon bin, die eigene Spottrede überhören
zu können. Ich bringe sie aber vor Dich und
mich und lasse sie liegen und gehe weiter
weil es mich drängt, Dir von mir und mir
mich von Dir zu reden.

Ich denke immer wieder an jene
„wunderbar gewundenen Pfade", die zu Dir,
mein Kind, führten. (Wie wunderlich klang
es mir, Dich „Kind" zu nennen, die Du noch
Unendlichkeiten in Deiner Hand hältst.)

Ich denke an jenes erste Gesicht, das Du
mir im Traume gabest, wo ich Dich schwelen
sah - (sind es nicht 14 Jahre seitdem?)
Wie liebt war das Dunkel damals! Wie
heftig war meine Leidenschaft und wie selbst-
süchtig, unterjocht von allen Daemonen des
Ehrgeizes, der Habsucht, der Ruhmgier, der
Lieblosigkeit, der Streberei, wer ich selber
in jener Zeit! Und wie ganzmacrirend war
ich damals! Das Leben riss mich hinaus
und strebte bewusst von Dir weg und habe es
alle diese Jahre gethan. Aber ich blieb doch
zu meinem kleinen Theile bei Dir, bis mich
die Liebe zum Weibe ganz von Dir los - und
wegriss. Ich erkenne, wie gut dies war. Aber
ich dachte, dass Du verloren seiest oder bisweilen schien es mir, dass ich verloren sei, Du
warest aber nicht verloren und ich nicht. Ich
gieng auf dem taghellen staubigen Wege, Du
geiegtest unsichtbar mit mir und hast mich
von Stufe zu Stufe geführt, sinnvoll Stück
zum Stücke fügend und liessest mich ni

jedem Stücke ein Ganzes und Endgültiges nehm.
Und Du nahmst mir, wo ich festzuhalten
gedachte und Du gabst mir, wo ich nichts er-
wartete und immer wieder von neuen und unbekannten Seiten her führtest Du Schicksale herbei.
Wo ich säete, raubtest Du mir die Ernte und, wo
ich nicht säete, gabst Du mir hundertfältige
Frucht. Und immer wieder verlor ich den Pfad,
um ihn da wiederzufinden, wo ich ihn nie erwartet
hätte. Du hieltest meinen Glauben, wo ich allein
und der Verzweiflung nahe war. Du lerntest mich
in allen entscheidenden Augenblicken an mich selbst
glauben.

15 Nov. 1913.

Mein Kind, Du bist nicht Gott, wie könntest
Du Gott sein? Du bist meine Seele und ich selbst
nicht — noch nicht? — wissen, warum Du Dich
„Kind" nennst — und warum ein Mädchen?

Ich verzage — wie kann ich es schaffen!
Wie soll ich etwas ausdrücken??

Meine Seele, ich will meine Erzählung
weiterführen, denn das scheint der nächste Schritt zu

sein. (Wenn nun die nächsten Schritte zu thun wären
unbekümmert um das Hohngelächter, das die Teufel
unter dem Herzen antrimmen jene feigen Ohrenbläser
und zweizollhohen Giftmänner. Ich trage meine
Last und bin mir selber Last – und Spott – und
Peitsche und Kreuzesqual.) Also höre, meine
Seele, nichtachtend des Hohngelächters meiner
eigenen Teufel rede ich weiter zu Dir:

Ich denke noch weiter zurück in mein
19tes Lebensjahr, wo mir ein Traum die Entscheidung in meiner Berufswahl brachte: Zuerst sah ich
in einem dichten Gestrüpp in einsamer Gegend
ein stilles dunkles Wasser, einen Teich, und in seiner
Mitte schwamm das wunderlichste aller Thiere,
etwa vergleichbar einer vielfarbigen Qualle. Dieses
Thier erweckte in mir die höchste Wissensbegier,
sodass ich mit klopfendem Herzen erwachte.
Und bald darauf hatte ich einen zweiten Traum:
Ich war in einem dunkeln Walde und fand dort
einen kleinen Hügel wie einen Kohlenmeiler. Ich
stiess ihn mit dem Fusse an und fand darin zu
meinem grössten Erstaunen die Knochen vorwelt-
licher Thiere, die wieder die höchste Wissensbegier in
mir entfachten. Diese Träume bewogen mich

Zum Studium der Naturwissenschaft und von
ihr bamscher Medizin.

Warum nur ich Dir das Alter sagen,
meine Seele? Warum zerrst Du mich an
dieser Buch und zwingst meine Feder zu
eiligstem Laufe, wie wenn sie einen langen
Weg zu laufen hätte und ereilte, ihn zu
vermessen? Warum all das? Vergib
den Lärm des Holmes, der sich erhebt.
Ich hoffe auf Dich, den erwächst unverwandt
zu und um jederer Qual. Nicht Eitel-
kut oder Ruhmgier oder sonst ein rum-
loses Streben vermöchten es mich hiezu
zu bewegen. Aber Du, meine Seele, scheinst
es zu wollen. Was für neue wunderliche
Dinge kommen an mich? Ich weiß zuviel
nur nicht zu sehen, auf was für unwegsamen
Brücken ich gehn. Aber ich folge Dir, Du
befiehlst, ich folge. Wohin, wohin führst
Du? Vergib meine menschliche, von Wissen
überwalle Bangigkeit. Mein Fuß zögert,
Dir zu folgen. In welche Nebel und Dun-
kelheiten führt Dein Pfad? Mirnich auch
den Sinn unsrer Ormen? Wenn Du es

verlangst, so sei es. Diese Stunde gehört Dir.
Was ist, wo kein Sinn ist? Nur Unsinn oder Wahnsinn scheint mir. Oder giebt es auch einen Übersinn?
Ist das Dein Sinn, meine Seele? Du siehst,
wie elend ich Dir nachhinke auf Verstandeskrücken.
Vergieb, mein Licht, ich bin ein Mensch
und Du schreitest wie ein Gott.

Welche Qual, ich muss zu mir zurück, zu meinen kleinsten Dingen. Ich will
vorsichtig sein und sagen: ich hätte gern andere
Dinge als gross gesehen und damit die Dinge
meiner Seele vergrössern und empfunden, dass sie
klein, ja erbärmlich klein seien. Du zwingst
mich, sie gross zu sehen, gross zu machen.
Ist das Deine Absicht? Ich folge, aber mir
graut es — es war nicht Langeweile oder
Überdruss, wie ich soeben beschwichtigend
dachte.

Vergieb den immerrastenden Zweifel
in dieser Stunde, die Du erwählt hast, als
Deine heilige Stunde. Ich störe Deinen Gottesfrieden,
aber höre auch meine Zweifel, sonst kann ich nicht
folgen, denn Dein Sinn ist ein Übersinn und Deine
Schritte sind eines Gottes Schritte.

Nicht einmal meine Sprache ist es, die aus
meiner Feder ~~spricht~~ spricht. O würd ich, was
Du willst! Aber ich soll auch nicht denken.
Auch das Denken, so wie ich es verstehe, soll
nicht mehr sein? Auch das willst Du?
Ich soll mich ganz in Deine Hand geben —
aber wer bist Du? Du giebst ich vertraue
Dir nicht — nicht einmal vertrauen — ist
es meine Liebe zu Dir, meine Freude an Dir?
Beginnt man so einen Freund? Vertraue ich
nicht jedem wackern Manne, jeder ehrenwerten
Frau, und Dir nicht, meine Seele?

Deine Hand liegt unveränderin —
aber ich will — ich will. Habe ich nicht mein
Höchstes geübtet, Menschen zu lieben und ihnen
zu vertrauen und sollte ich ~~Dir?~~ nicht lieben,
meiner eigenen Seele ~~oder~~ der Seele vielmehr,
der ich gneigen bin?

Ja, ich sehe, wo Du mich führst,
ich erkenne Deine kluge Erziehung. Du
überzeugst mich und ich folge. (Wahn? schrie
Jemand in mir. Sei ruhig und schweige, denn
ich rede mit meiner Seele.)

Vergib, meine Seele, mein armseliges Zaudern, meinen wankelmüthigen und jämmerlichen Zweifel überwin, es ist unschön, an Dir zu zweifeln. Ich bin nur ein Mensch, und Du weißt, wie schwer ein Mensch den Bettelstolz aufs eigene Denken lassen kann.

Ohne Widerrede nunmehr will ich Dir weitererzählen, wie mir vor drei Jahren eine Frau zu Gesicht kam, deren Seele mir werthvoller erschien, als meine Eheängstlichkeit. Ich habe ihr zu Liebe meine Angst besiegt. Aber Du hast es so gewollt und mir den Traum gegeben, der mir Entscheidung brachte: Mir träumte damals (es war kurz nach Weihnachten 1912), daß ich mit meinen Kindern in einem herrlichen und reich ausgestatteten Thürmgemache—eine offene Säulen hatte — wir saßen an einem runden Tisch, dessen Platte ein herrlicher dunkelgrüner Stein war. Plötzlich flog eine Möve daher ein und setzte sich leicht beschwingt auf den Tisch. Ich ermahnte die Kinder zur Ruhe, daß sie den schönen weißen Vogel nicht

vernehmchten. Alsbald verwandelte ich
den Vogel in ein Kind von etwa 8 Jahren
ein kleines blondes Mädchen und ließ spielend mit
meinen Kindern in herrlichen Säulengängen
herum. Dann plötzlich verwandelte ich
das Kind wieder in die Möve oder Taube. Sie sprach zu
mir folgendes: „Nur in den ersten Nachtstunden kann ich mich in einen Menschen verwandeln, während der Taucher mit den zwölf
Toten beschäftigt ist." Mit diesen Worten flog
der Vogel davon und ich erwachte. Mein
Entschluss war gefasst. Ich hatte dieser Frau
allen Glauben und alles Vertrauen zu schenken.

Da weißt, meine Seele, welcher Segen
dadurch über mich, mein Weib und mein
Haus gekommen ist. Ich kann Dir nicht
in Worten Alles ausdrucken was für
ein Reichthum und was für eine Schönheit
mir daraus erwachsen sind. Ich will
nicht von den Qualen reden, die ich gerech-
terweise zu erleiden hatte — sie sind alle mehr
als aufgewogen durch die Fülle an kleinen

und Höchsten, ~~was~~ die ich erleben durfte.

Jener Traum steht immer noch vor mir, und mein Verständnis reicht nicht aus, ihn zu erschöpfen. ~~Die~~ Rede der Taube — was soll es bedeuten? Die "ersten Nachtstunden" nehmen deine Stunden zu sein, meine Seele; schwer ist der Tauben, wer die zwölf Toten? Und was thut der Tauberin den Toten?

Halte an, es ist eine Qual, dieses unerträgliche Nichtverstehen, dieses Auskramen des Unverstandenen, des Subjectiösten. Was soll es? Besprach ich nicht diesen Traum mit meinen Freunden? Warum soll er Dir noch einmal gesagt sein?

Ich vergaß, vergib mir, daß auch Du zu meinen Freunden gehörst und selbst gewisse Rechte auf diesen Traum hast, auf mein Vertrauen. Was ich jenen gebe, soll Dir nicht gehören? Ich sehe meine Ungerechtigkeit. Ich verachtete Dich, wie mir scheint. Ich sehe mit Schmerzen ein, wie wenig ich Dich eigentlich liebte. Meine Freude, Dich wiederzusehen, war nicht berechtigt,

denn sie war unecht. Ich verstehe, daß auch
der Blutsgelächter in mir Recht hatte — Mein Gefühl
vernichtet, denn ich liebte Dich nicht wirklich.
Ich muss Dich also lieben lernen.

Das öffnet mir allmählig die Augen.
Ich muss Dir danken, meine Seele. Dein
Hammschlag ist hart, aber gerecht.

Ich hoffe oder vielmehr, ich beginne
auf Erlösung zu hoffen.

Hier steht Einer neben mir und flüstert
mir Schlimmes ins Ohr: „ Du schreibst, damit
es gedruckt werde und unter die Leute komme.
Du willst Aufsehen erregen durch Ungewöhnliches.
Nietzsche that es aber besser als Du. Du äffst
den heiligen Augustinus nach."

Du hörst, meine Seele, diese verfluchte
Rede, und Du siehst meine Wehrlosigkeit gegen
meine eigene empörte Waffe — Wehe, auch die
Selbstkritik, die heilsame und dreimal gelobte,
auch sie soll ich lassen?

„ Deine Angst", sagst Du, „ zeugt gegen
mich" — Es ist wahr, sie zeugt gegen Dich
und mich. Sie tötet das heilige Vertrauen zwischen

Dir und mir. Was kann und soll es mich kümmern, wenn Einer solches sagt, wenn ich nicht ein
übel Eitelkeit in mir habe, die ich über Dich, meine
Seele, stille, die mir mehr ist, als ein Gespräch
mit Dir. Warum sollte ich auch Deisen Zweifel
vor Dir verbergen? Ich stelle die Entscheidung
Dir anheim. Ist es gut und ist es Dein Wille, so
mag es so oder in anderer Form den Menschen
zukommen. Ist es Dein Wille, unser Wille nicht,
so soll es im Verborgenen bleiben. Was weiß
ich? Ich sehe, wie unsäglich kindisch ich bin,
gierig vorauszunehmen und unverschämt zu
handeln mit einem Gut, das ich nicht schaffte
und das noch gar nicht geschaffen ist und das
über Alles hinaus gar nicht geschaffen werden
kann, wenn Du es, meine Seele, nicht giebst.
Du kannst ja heute schon Deine Thore schliessen
und ich bleibe als ein unvermögender Bettler
vor Deinen Thüren sitzen.
Deine Gedanke aber zerrt an mir, dieser
Pfeil traf gut, scheint mir. Erlaube mir, diesen
Zweifel in Deine Hand zu legen. Du wirst es am
besten wissen, was dem ich zugestehen hast.

Du schweigst, meine Seele? Ich will
nicht drängen und eitel streben. Willst
Du hinübergehen? Ach in welche Abgründe
des Geheimnisses versinkst Du? Schaue
Dir nach und Du entschwindest,

Du sprachst mit mir, Du hast mir
Gutes gethan, jetzt schweigst Du. Ich lege
geduldig meine Federlein. Was könnte ich
auch anderes thun?

22 nov. 1913.

Meine Seele, es ist Nacht, ich rufe
Dich.

Keine Antwort?

Warte ich? Welche Thore sind geöffnet?
"Schaue hinab in Deine eigene Tiefe", sagt
eine Stimme. Aber mich plagt die Ungeduld —
nicht vergebens war ich Wochen lang meiner
Seele fern. Und soll sie auf meinen Ruf bereit-
stehen! Wie viel Verwöhntheit steckt noch in
mir!

Erbärmliche Angst vor dem Schicksal —
wie wenn das Leben sich noch zu mächtigen Krisen

erweitern sollte; es geht aber in die Tiefe, mein
Haar wird grau. Nicht dass ich die Tiefe fürchtete —
oder fürcht ich sie wirklich?

Was sagst Du? Du flüsterst fast unver-
nehmlich: „Schaue in Deine Tiefe!" Schnitze am
Rande des tiefsgrünen Brunnens und horche hinab,
geduldig. Mehr Kraft! Es ist furchtbar schwer.
Mehr Einsamkeit, mehr Tiefe; das ist es, was
noththut. Da wird nicht gierig errannt. Ich sollte
dies gelernt haben. „Bete zu Deiner Tiefe" spricht es
in mir. „Wecke die Toten auf", fährt es weiter. —

Welch fremd hier und Unrast stört mich?
Du Ruhe ist wiederzufinden.

Gott, was willst Du? Ich kann
noch nicht.

26 Nov. 1913.

In welcher Unterwelt bin ich? Es
ist dunkel und schwarz wie der Tod! Aller tiefste
„Lass Dich nicht ablenken sondern, was
Du zu thun hast" sagt die Stimme.

Was soll ich thun? Dir weiter reden von
meinen innern Dingen? Soll ich den Dæmon
meines Innern überwinden? Wer der hundert-
köpfige Drache?

Ich muss allen den Stimmen schweigen
gebieten, die mich aufhalten wollen, die mir
mit schmerzhaftem Hohn den Weg verlegen wollen.
Sonst dringe ich nicht durch. Ist es wirklich
Dein harter Wille, meine Seele? Frage nicht
warum? wozu? taugt es? hat es Werth?

Thue es.

Trotz der ermüdenden Mühsal des Zweifels
soll der Berg erstiegen werden, trotz der Überzeugung
beinahe Überzeugung von der Werthlosigkeit des
Unternommenen, soll der Glaube siegen – ohne
den leichtesten, allerleisesten Beweis von der
Richtigkeit und dem Werthe meines Thuns

mir sträubt sich die Feder — gleichviel. O welche
Ohnmacht des Intellectes! Das Leben zeugt mich
über alle Kritik.

Da meine Seele, Du allein weisst es,
dass es nicht heuchlerische Selbstbewunderung, nicht
Selbstüberschätzung ist, die mich treibt, zu Dir
von mir zu reden. Du willst es — ich kann
Dir nicht widerstreben.

Ich gehe also daran, Dir wieder von
den Dingen zu reden, von denen ich früher sprach,
von meinen Träumen. (Schweige, Ekel !)

Ein halbes Jahr oder mehr, bevor ich jenen
Traum hatte von dem weissen Vogel träumte
mir Folgendes:

Ich war in einer südlichen Stadt, auf-
steigende Strasse mit Treppenabsätzen, schmal.
Es war 12 Uhr mittags — strahlende Sonne. Ein
alter oesterreichischer Tollwächter oder etwas der-
gleichen geht an mir vorüber, in sich gekehrt.
Jemand sagt: Das ist einer, der nicht sterben
kann. Er ist zur carriere 30—40 Jahre zu alt herr,

aber konnte ich noch nicht auflösen.
Schwindere mich sehr. Da kommt eine
merkwürdige Figur, ein Ritter von mächtiger
Gestalt, gepanzert in gelblicher Rüstung. Er
sieht fest und undurchdringlich aus und nichts
haftet an ihm. Er trägt auf seinem Rücken
ein rothes Malteserkreuz. Er existiert immer
noch seit dem 12ten Jahrhundert und geht
jeden Tag denselben Weg zwischen 12 u. 1 Uhr
Mittags. Niemand wundert sich über diese
heuten Erscheinungen, ich wundere mich
aber maasslos."

        Ich schweige von meinen Deutekünsten.
Zum alten Verturruchen fiel mir Freud ein; zum
Ritter ich selbst.
        Zur Inneren nichtes: "Es ist Alter leer
und Ekel." Ich sehe es zu tragen.
        Danach hatte ich geässen Traum vor etwa
1½ Jahren:
        Ich liege auf vor einem Lager mit meiner
Frau in einem nachahmassenen Gemach (wie
in schlossen Häuser Pompejis.) Plötzlich fährt

meine Frau auf und steigt schnell auf
die Mauer und verschwindet nach oben.
Sie trägt ein langes weisses Hemd mit mystischen
Figuren, wie Hexen oder Ketzer, die verbrannt
werden. In diesem Augenblick weckt mich
wirklich ein starkes Geräusch am Fenster-
laden, wie wenn kleine Steine daran geworfen
würden, im Zimmer trippelt etwas merkwürdig am Boden, etwa wie ein grösserer Vogel.
Ich machte schnell Licht. Draussen ist heller
Mondschein, alles ruhig. Im Zimmer nichts.
Ich schaue nach Uhr: 3 Uhr.

Morgens um 7h Depesche, dass Hedwig
Sturzenegger plötzlich und unerwartet gestorben
ist. Nachherige Erkundigung ergab, dass sie
um 3 Uhr nachts gestorben war.

Warum das? Ichhabegeduldig zu
sein. Mein Gott, wie schwer! Aber Du
willst es, dass ich gehe, auch wenn ich müde
bin.

Am 3 Aug. 1913 auf der Reise
nach England, hatte ich den Traum:
Ich sitze einer älteren Frau gegenüber

und bewundere, wie richtig die Analyse er-
fasst hat; da kommt plötzlich eine kleine Kinderhand, dreht mir den Kopf herum und ich
sehe das kleine blonde Mädchen mit unsäglicher
Freude, sie küsst mich und ich erwache mit
Thränen der Rührung.

Dieser Traum gab mir große Sicherheit
für die Zeit in London (Congress.).

Vor 3 Wochen hatte ich einen langen
Traum:

Mittelalter: Ich bin mit Bauern,
die ein Kloster brandschatzen wollen. Bei Ein-
bruch der Nacht soll das Kloster genommen werden.
Wir verbergen uns im Schatten der Mauern. Der
Anführer, ein schlimmer Kerl, aber wird ängstlich
und zieht sich mit seiner Rotte zurück. Ich bleibe,

fragmentarisches Intermezzo:
Meine Schwiegermutter hat ein interes-
Buch aus München heimgebracht, betitelt:
die Ausbreitung des Buddhismus in England.
Es wird darin bewiesen, dass sich buddhistische Klöster
in gefährlicher Weise in England ausbreiten.

Dabei Abbildungen von Klöstern in mittelalterlicher Form, mit doppeltem Wall darum mit
großen Kanonen. Im Buch sind übersetzte
Sanskrittexte. Onkel und Tante Bendel
(die größten Philister!) haben es gelesen. Sie hat
einen Ausdruck nicht verstanden „martyriza-
tionis causa": der Onkel erklärt ihn ihr.
Das Buch interessiert mich sehr.

Das Kloster ist seit langem zerstört. Gras
wächst auf den Trümmern. Ich sitze an einem
verfallenen Brunnen in einem Hof. Aus dem
Brunnen wächst ein dreigeteilter Baum, mit
herrlich grünem Schatten. Ich schaue hinunter
und gedenke der Mönche, und es scheint mir, als
ob sie auch so an dieser Stelle gesessen hätten.
Ich sehe in der Tiefe des Brunnens feine Draht-
netze, die jeweils einer unterirdischen Etage
entsprechen, wo die Mönche gewandelt sind.
Auf dem obersten Netz liegen kleine erbsengroße
rote Kügelchen, sie fallen in die Tiefe, und
bleiben jeweils auf gewissen Netzen liegen,
wodurch der oben meditierende Mönch, den
unten Beobachtenden anzieht, wo er sich

Gedankenhaft.

Das Kloster existiert wieder, ich
bin in der Vergangenheit. Ein mächtiger
Corridor. Mehrere Laienbrüder, kräftige Männer
in verschiedenen Trachten (Felle, weisse feltige
Kleider, mittelalterlich bis antik.) Dann bin
ich im Refectorium, Halle sogenannte eine
Kirche mit 3 mächtigen Bogenfenstern,
Renaissance styl, graue Marmorsäulen,
alles mächtig und schön und weit. Lange
gestreckte Tafel unter den Fenstern. In der
Mitte sitzt der Abt, in Gedanken verloren, wirres Haupthaar (einfälle: Wein-
niniger, Dionysos.) Nicht weit von ihm sitzt
Einer mit weißlichem bericht. Farbige Gruppe
von jungen Männern mit schönen, geistigen
Augen.
Ich gehe weg und plötzlich steht
ein Studienfreund vor mir (ein Haltloser, Un-
bedeutender, Schwätzer), ich frage ihn: Er-
innerst Du Dich noch, wie wir zusammen
vor 90 Jahren im Kloster Eschenbach waren?

Werdes ein Männer- oder Frauenkloster?"
Er sagt mit bezeichnendem Lächeln: „ Natürlichem Frauenkloster."

Ich dachte nach dem Erwachen: ein Menschenkloster. Seither viel neue Gedanken über neue Gesellschaftsformen.

28 Nov. 1913.

Mit einem Widerstreben gehe ich an dieses Buch. Ich entwerthe es mir unaufhörlich und doch zwingt mich etwas dazu, dennoch hinein zu denken, eigentlich in mich selbst. Wozu? — Es will seinen Weg gehen. Sonderbar —

Meine Seele führt mich in die Wüste — in die Wüste meines Selbst. Ich dachte nicht, dass mein Selbst eine Wüste ist und doch scheint es so zu sein — eine Dürre heiße Wüste, staubig und ohne Trank. Die Reise scheint durch heissen Sand zu führen, langsam watend, ohne sichtbares Ziel, auf Hoffnung. Es scheint so sein zu müssen. Früher hätte ich mich gegen diesen Gedanken aufgelehnt, seitdem ich aber weiß, daß Du, meine Seele, es immer besser weißt, folge ich Dir.

Wie schaurig ist diese leere Oede. Mir scheint, der Weg führe so weit weg von Menschen, ich wagenicht nach dem Wohin? zu fragen. Es wäre auch nutzlos. Wozu voraussehen wollen? Ich könnte es da ch nicht erkennen. Ich habe es ja nie erkannt zum Voraus. Ich sah nur das Traurige und Kümmerliche und das Schöne kam zu mir. Warum soll ich desshalb klagen? Ich gehe meinen Weg, Schritt für Schritt und weiß nicht wielange meine Reise währen wird.

Warum ist mein Selbst mir Christin? Nie noch kam mir diese Gedanke. Habe ich zusehr außer mir gelebt, in Menschen und in Dingen? Es scheint fast, so zu sein. Warum denn schuld ich mein Selbst? war ich mir nicht theuer? —

Welch eine Täuschung! Ich habe mich

selber gemieden, nein, eigentlich mein selbst,
der Ort meiner Seele wo sie wohnt und lebt.
Dorthin bin ich nie zurückgekehrt ausser im
Traume. Ich war meine Gedanken, nach dem
ich nichtmehr die Dinge und die anderen Menschen
war. Ich war aber nicht mein Selbst, meinen
Gedanken gegenübergesetzt. Ich war noch in
meinen Gedanken und auch über sie sollich
noch emporsteigen zu meinem eigenen Selbst,
dem Ort meiner Seele. Und dieses mein Selbst
keine Wüste, unbewässert und ungepflegt.
Dahin scheint meine Reise zugehen und dahin
scheint sie von Menschen und Dingen weg zu —
führen in die Einsamkeit mit mir selber.

Ist die Einsamkeit, mit mir selber zusein?
Einsamkeit wohl erst dann, wenn das Selbst
eine Wüste ist. Ich höre die Worte: « Ein Ana-
choret in seiner eigenen Wüste.» Mir fallen
die Mönche der syrischen Wüste ein. Mein
Traum?

Soll ich aus der Wüste einen Garten
machen? Soll ich einen oedes Land bevölkern

und wohnübermachen, weil alle bewohn-
baren Länder von Menschen überschwemmt
und vom Getöse des Lebens überlärmt sind?
soll ich den lüsternen Zaubergarten der Wüste
öffnen für alle diejenigen, die dem schlechten
Gewühl des äussern Lebens entfliehen sollen?
ich bin ratlos. Wer führt mich in diese
Wüste und was soll ich da?

Spiele ich Verstecken mit mir selber?
will ich es nicht sehen? Welche Täuschung
kann ich meinem Denken nicht zutrauen?
Wahrheit nur das Leben. Und nur das Leben
führt mich in die Wüste, wahrlich nicht
mein Denken, das zu bedenken, zu Menschen
und zu Dingen zurückkehren möchte, denn
es ist ihm unheimlich in der Wüste.

Ich frage Dich, meine Seele, mein
Leben, was soll ich hier?

Ich höre das grausame Wort „Warten".
Das ist des Teufels grausamste Höllenstrafe,
er lässt die Leute warten. Zur Wüste gehört die
Qual — ich weiss es eigentlich, und das wollte

ich nicht wissen. In der Wüste — warten — er und worauf?

Ein choloses Nichts um mich und ach das Gefühl von Dingen, die sich hinter dem fernen Horizont drängen, bisweilen eine fata morgana heraufzaubernd. Die Wirklichkeit aber ist: Dürstend warten.

Ich denke an Christum in der Wüste. Jene Alten giengen äußerlich in die Wüste. Giengen sie auch in die Wüste ihres eigenen Selbst? Oder waren ihr Selbst nicht so öde und wüst wie das Meinige? Dort rangen sie mit dem Teufel. Ich ringe mit dem Warten. Mich dünkt, es sei nicht geringer, denn es ist wahrlich eine heiße Hölle.

Ich bin müde, entlasse mich!

11. Dec. 1913.

Nach hartem Kampfe bin ich Dir um ein Stück Weges näher gekommen. Wie schwer war dieser Kampf! Ich bin in ein Gestrüpp von Zweifeln, Verwirrungen und Hohnlachen gefallen. Nur die Liebe Derer, Jenen ich Liebe gegeben habe

hat mich aus der Dunkelheit errettet. Kein
Glaube hilft, auch kein Lehrsatz, sondern nur das
Lebendige, ~~der Zusammenhang der Liebe~~, die Liebe
derer, denen wir Liebe gegeben haben.

Ich habe eine Einsicht gewonnen aus
diesem Kampfe: ich habe einsam zu sein mit
dem, was mir das Werthvollste scheinen, mit
meinem Geiste und habe der, was mir das Billige
scheint, das Menschliche, den Menschen zu geben.
Diese wunderliche Verkehrung ist mir neu.
Aber diese Nothwendigkeit drängt sich auf.

Ich komme mit leeren Händen zu
Dir, meine Seele. Was willst Du hören?
„Wenn Du zu einem Freunde kommst, wirst
Du kommen, um zu nehmen?"
Ich weiss, es sollte wohl nicht so sein.
Aber es scheint mir, ich sei arm und leer und
ich möchte mich in Deiner Nähe niedersetzen und
wenigstens deutlicher Deine belebenden Gegenwart verspüren. Mein Weg ist heisser Sand. All
die Tage lang – sandige Strasse. Meine Gestalt
ist bisweilen schwach und einmal verschwor-
zweifelt, wie Du weisst.
„Du sprichst zu mir, wie wenn Du

ein Kind wärest, das nach bei der Mutter beklagt.
Ich bin nicht Deine Mutter."

Ich will nicht klagen, aber lass mich Dir sagen, dass meine Strasse lang und voll Steines ist. Du bist mir wie ein schattiger Baum in der Einöde der trockenen Wüste. Ich möchte Deines Schattens geniessen.

„Du bist genusssüchtig. Wo ist Deine Geduld? Noch ist Deine Zeit nicht um. Hast Du vergessen, warum Du in die Wüste giengest?"

Mein Glaube ist schwach, mein Gesicht ist blind von all dem flimmernden Glanz der Wüstensonne. Die Hitze lastet auf mir wie Blei. Der Durst quält mich und ich wage nicht auszudenken, wie unendlich lange mein Weg ist — und vor Allem, ich sehe nichts vor mir.

„Du sprichst, wie wenn Du nichts gelernt hättest. Kannst Du nicht warten? Soll Dir Alles reif und vollendet in den Schooss fallen? Du bist voll, ja Du strotzest von Absichten und Begehrlichkeiten! Weisst Du noch nicht, dass der Weg der Wahrheit

nur dem Absichtslosen offen steht? Weist
Du noch immer nicht, dass nur dem, der nicht
begehrt, dem neugierigen Erfüllung wird?"

Ich weiss, das sind Alter auch meine
Gedanken. Aber ich lebe kaum danach.

„Wie, sage mir, glaubst Du denn,
das Deine Gedanken Dir helfen sollen?"

Ich gestehe, dass ich nicht wenige,
sondern viele Gedanken habe, die ich nicht
lebe, und von denen ich trotzdem Hilfe und
Wirksamkeit erwarte. Ich möchte mich immer
darauf berufen, dass ich ein Mensch sei, blos
ein Mensch, der schwach ist und bisweilen
nicht sein Bestes thut.

„Denkst Du so vom Menschsein?"

Du bist hart, meine Seele, aber Du
hast Recht. Wie wenig sind wir doch zum
Leben geschickt! Wir sollten fähig sein zu
wachsen, wie ein Baum, der auch nicht um
sein Gesetz weiss. (Wie die Lilien auf dem Felde.)
Wir umschnüren uns aber mit Absichten,
nicht eingedenk der Thatsache, dass Absicht

Beschränkung, ja Ausschließung des Lebens ist. Und wie viel kindisches, kurzsichtiger Egoismus liegt in einer Absicht! Wir glauben, mit einer Absicht ein Dunkel erhellen zu können, und gehen damit am Licht vorbei. Wie können wir unserer vermessen, ein Voraussehen zu wollen, von wannen das Licht uns kommen wird?

Nur eine Klage kann mich vor dich bringen: Ausblick am Hohngelächter, am eigenen Hohnlachen.

„Denkst Du gering von Dir?"
Ich glaube nicht.

„Dann, höre, denkst Du gering von mir. Weißt Du noch nicht, dass Du kein Buch schreibst, das Deine Eitelkeit futtern soll, sondern dass Du mit mir sprichst. Wie kannst am Hohngelächter leiden, wenn Du mit mir sprichst, mit den Worten, die ich Dir gebe? Weißt Du denn, wer ich bin? Hast Du mich umfasst, abgegrenzt und zu einer toten Formel gemacht? Hast Du die Tiefe meines Abgrundes gemessen und alle die Wege ausgeforscht, die ich Dich

euch führen werde? Dich kann ein Hohngelächter nicht anfechten, wenn Du nicht alt
bist bis ins Mark Deiner Knochen."

Deine Wahrheit ist hart. Ich möchte
Dir meine Eitelkeit hinlegen, denn ich fühle,
sie blendet mich. Siehe, darum auch glaubte
ich, meine Hände seien leer, als ich heute zu
Dir kam. Ich dachte nicht, dass Du es
bist, die leere Hände füllt, wenn sie sich
nur zur Opfergabe ausstrecken wollen. Aber
sie wollten es nicht. Denn ich dachte, ich
habe es zu bringen und vergaß Deiner,
wie wenn ich nicht wüsste, dass ich Dein
Gefäß bin, leer ohne Dich aber überquellend
mit Dir.

Die Ungeduld zerreißt mich, was soll
dies Alles? Wohin führt diese Strasse?
Kein Laut, keine Antwort!

12.XII.13.

Der Kampf der letzten Zeit war der Kampf mit dem Hohnlachen. Ein Traum, der mir eine schlaflose Nacht und drei Tage Qual verursacht, hat mich mit G. Kellers Apotheker von Chamounix (von Anfang bis Ende) verglichen. Ich kenne und anerkenne diesen Styl. Ich habe gelernt, dass man sein Herz dem Menschen geben hat, den Intellect aber dem Geiste der Menschheit, dem Gotte. Dann kann sein Werk jenseits des Eitelen sein, denn es giebt keine gleisnerischere Hure als den Intellect, wenn er das Herz ersetzt.

„Ich falle", ruft eine Stimme in mir. „Wohin? Was willst Du?" rufen andere. Ich habe mich diesem Strudel anzuvertrauen. Sturz-bäche von Zweifel brausen über mich herunter. Ich soll mich diesem Meer anvertrauen? Mir schaudert. Es ist eine grausige Tiefe. Du willst dieses Opfer von mir? Mich dem Zufall meiner selbst überlassen, dem Wahnsinn des eigenen Helldunkel, das soll ich? Wohin? wohin? Habe ich Vertrauen zu meiner Seele, so soll ich es auch wagen. Wie schwer ist es, mir selber

so zu vertrauen, dass man sich ruhig in einen
Abgrund hinein legen kann!

Du fällst, gut ich will mit Dir
fallen, wer du auch seiest. Ich falle mit
Dir grauen Felsenentlang in strudelnde
Tiefe, Dampfsäulen schiessen auf, es
zischt und raucht — Höllenfahrt. Ich sehe
eine schwarze Höhle, ein Zwerg aus Leder
hütet den Eingang — hilf Himmel, welche
Aal. Der Boden ist schwarzer Lehmschmutz
bis an die Knöchel. Ich zögere einzutreten.
Schatten huschen an mir vorbei — vorwärts —
mich fasst die Angst, es ist eng und heiss,
oder kalt — ich weiss nicht — hinein —
ich krieche durch enge Felsritzen — eine
helldunkle Höhle, am Boden schwarzes
Wasser, am jenseitigen Ufer ein leuchtender
Stein. Ich wate bis an die Knie — es
ist kalt — bis zum Stein. Haltet mich
nicht an, ihr Zurückschreier. Es

muss sein, das muss erobert sein,
Der Stein der Qual, des rothen Lichts.
Das Licht ist kalt, ein Crystall, ich
hebe ihn weg, darunter ein Dunkles Loch
was soll es sein? Die Höhle widerhallt
von vielen Menschenstimmen, doch ist niemand hier. Ich stehe mit dem Stein in der
Hand, fragend um mich blickend —
nur das Eine sehend — ich will nicht
auf die Stimmen hören, sie halten mich
weg. Dieses dunkle Loch — woher zuletzt
es, das will ich wissen, was sagt es?
ein Orakel? Ist es der Ort der Pythia?
Nicht weghalten sollt ihr mich! Uraltes
und Ewiges soll hier zu Worte kommen — Stille
mit Eurem Raunen, löcherhöhe Schatten,
Ausrufer der Ohnwelt — die Orakelstätte? wäre es möglich? Soll ich das
Ohr an deine Öffnung legen? Ich
höre das ferne und nahe Brausen unter

zischer Ströme — ein blutiges Haupt
im dunkeln Strome, ein Verwundeter, der
schwimmt in fürchterlicher Tiefe. Er weiß
es nicht — oder ich erstarrt — erstarrt in
eisiger Kälte in der Stellung eines Schwim-
menden — ein riesengroßer schwarzer
Käfer zieht vorbei — wie ein Scarabaeus,
aus tiefstem Grunde eine Sonne dunkelwarm
durchstrahlend — ich sehe es nicht — Schlangen-
geringel an dunklen Wänden nach der Tiefe
strebend wo die Sonne matter leuchtet,
Tausend Schlangen die Sonne umringelnd,
umhüllend — tiefe Nacht — das Wasser
rauscht — ich stehe erschöpft, Lärm
von tausend Stimmen an den Wänden der
Höhle widerhallend. Wie laut ist die Oberwelt. Zu viel Hast, die das Gesicht stört,
noch einmal den Blick in die Tiefe —
ein rother Strahl, ur Bluth springt auf
ein dickes rothes Blut, lange quellend,
dann versiegend.

Was seh ich? Welche Nacht! Alles
wie im Flug gelebt, hinunter – und wieder
hinaufgewirbelt.

Heile die Wunden, die mir Zweifel
schlägt, meine Seele. Auch das ist zu
überwinden, damit ich Deinen Übersinn
erkenne. Wie fern ist Alles und wie zurückgekehrt bin ich! Die Angst und der Zweifel
reissen mich weg. O könnt' ich Stunden
um Stunden sehend und lauschend
liegen an jener innersten und untersten
Stelle, an der Orakelstätte, damit Du
meine Seele zu Deinen und nicht zu meinen
Worten zu mir sprächest. Mein Geist ist ein
Quälgeist, er zerreisst mein innerstes Schauen,
möchte Alles zerlegen, begreifen, auseinander-
nissen und zusammenstellen, niedereinander
aufbauen. Noch bin ich Opfer meines Denkens.
Wann bin ich Herr meines Denkens? Wann
kann ich meinem Denken Ruhe gebieten, dass
meine Gedanken, die widerspenstigen Hunde

zu meinen Türen kriechen? Wie kann
ich je hoffen, Deine Stimme lauter zu vernehmen, Deine Gesichte klar zu sehen,
wenn alle Gedanken mich umheulen?
Ich lebe erst in der Oberwelt, aber in
Deiner innersten Welt, meine Seele, bin ich
wie ein wesenloser Schatten, zitternd und
von jedem Hauch verweht.

Ich bin sprungslos. Ich will hemmungs-
los sein, denn ich liebe es Dir, meine
Seele, zuzuschwören, Dir zu vertrauen,
auch wenn Du mich durch Wahnsinn
führst. Viele Träume der letzten Zeit sprechen
mir davon, ich weiß. Aber ich bin willig.
Denn das göttliche Licht erstrahlt aus in
der größten Dunkelheit. Wie soll ich aber
Deiner Sonne theilhaft werden, wenn
ich nicht den nächtigen bittern Schlummer-
trank getrunken und bis zur Neige geleert
habe? Hilf, dass ich nicht im eigenen Wissen

erstickt. Ich knüpfte es zusammen, nicht
nur aus Gier, Ehrgeiz und Eitelkeit, sondern
um der Wahrheit willen und um näher zu dir
zu kommen, wie ich später verstand. Aber
die Fülle des Wissens droht auf mich zu stürzen.
Mein Wissen hat ein Heer von tausend
Rednern mit Stimmen wie Löwen; die
Luft zittert, wenn sie reden, und ich bin ihr
wehrloses Opfer. Sie greifen nach mir und
schleppen mich weg von Deiner Stille und
aus der seligen Tiefe, wo einzig Wahrheit
quillt und tiefstes Schauen; wo Vergangenheit und Zukunft rauschend zusammen-
strömen und wo ich im Bilde feurster Vergangenheit Zukünftiges sehe in dunkeln Rätsel-
bildern. Halte weg von mir die Deutung
jener übeln Kerkermeister der Wissenschaft,
die die Seelen bindet und die lichtleere Kerker
sperrt, aber vor Allem schütze mich vor
der Schlange der Kritik, die nur an der Ober-
fläche eine Heilschlange ist, in Deiner Tiefe
aber höllisches Gift und qualvolles Verenden.

Ich möchte als Reiner zu Deine Tiefe steigen,
mit weissem Kleid und nicht wie ein Dieb heurtig
kommen, an mich reissen und athemloser ent-
fliehen.   Lass mich verharren in göttlicher Fassung-
losigkeit, damit ich bereit bin, Deine Wunder
zu schauen, die ~~aus~~ der ewigen Tiefe entsteigen.
Hilf, Hilf, dass mich mein Haupt an einem
Stein legen vor Deinem Thore und Deiner harren,
~~wenn~~ damit ich bereit bin, das Licht Deiner
Herrlichkeit in mir zu empfangen.

15. XII. 73.

⌐ Buch meiner schwersten Experimente, mit
innerem Widerstreben aber öffne ich Dich !
        Wie sträubt sich Alles in mir vor der Unmittel-
barkeit dieses Erlebens ! Ich möchte mir selber zu —
reden wie einem aufgeregten Pferde. Ich scheue
vor mir selber, wie wenn ich ein nächtiger
Unhold wäre. Noch immer ist „Subjectiv" das
Grausige und Schreckenerregende, Wie wenn
durch eins Wort Alles entwerthet wäre und über-
flüssig. Wie wenn das „Subjekt" in Weltgeschehen
ein Nichts wäre ! Das muss ich überwinden.

16. XII. 73.

Zur Hölle fahren heißt selbst zur Hölle werden.
Es ist Alles schrecklich umgeformen und verdorben.

Meine Seele, auf einem Wüstenpfade
ist nicht blos glühender Sand, sondern es giebt
auch furchtbar umschlingende Unsichtbare, welche
diese Wüste bewohnen. Das weinte ich nicht.
Der Weg ist nur anscheinend frei, die Wüste nur
anscheinend öde und leer. Sie scheint aber
belebt zu sein von zauberischen Wesen, die mich
anfallen, meine Gestalt dämonisch verwandeln.
Ich habe wohl ungeheuerliche Formen ange-
nommen — ~~etwas~~ unter denen ich mich nicht
erkennen kann. Ich denke, es sei eine
monströse Thierform, gegen die ich meine Menschlichkeit eingetauscht habe.

Dieser Weg ist von höllischen Zauber
umgeben, unsichtbare Schlingen sind überall
geworfen und umschnüren mich.

„Stürze hinunter in Deine Tiefe", sagt
Du. Wie soll ich es thun?
„Versinke".

Wie kann ich versinken? Das ist
die härteste und höchste Kunst, sich selber ver-
sinkenzulassen. Lehre mich. Ich bin unfähig
es an mir selber zu thun.

„Setze Dich nieder, ruhe".

Fürchterlich, vergieb, es klingt wie
höllischer Unsinn. Verlangst Du auch das
von mir? Hörst Du denn in der
Empörung in mir? Da sprechen Götter,
die mächtig sind und uns höchstes bedeuten.
Meine Seele, wo bist Du? Habe ich
mich einem blöden Thiere anvertraut,
träume ich wie ein Betrunkener dem
Strassengraben zu, um einen weiten Raum
auszuschlafen? Stammle ich zer-
setzten Blödsinn wie ein Verrückter? Ist
das Dein Weg, meine Seele? Vergieb, vergieb,
aber das Blut kocht mir und ich könnte
Dich erwürgen, wenn ich Dich fassen könnte
Da spinnst Dichte Finsterniss, meine Seele
und ich bin wie ein Voller in Deine Netze
eingefangen.

Aber ich will, ich will. Lehre mich.
„ Mein Pfad ist Licht."

Nennst Du das, was wir Menschen
ergibt Finsternis nennen, Licht? Nennst
Du unsern Tag Nacht? Führe mich,
Gib mir Licht, Dein Licht.

„ Mein Licht ist nicht von dieser
Welt."

Ich weiss nichts von jener andern Welt.

„ Soll sie nicht sein, weil Du nichts
weisst davon?"

Aber unser Wissen! Auch Wissen
gilt Dir nichts? Was soll es sein, wenn
es nicht Wissen ist? Wo ist Sicherheit?
Wo Boden? Wo festes Land? Wo Licht?
Dein Finsternis ist nicht bloss schwärzer
Nacht, sondern auch bodenlos. Wenn
es das Wissen nicht sein soll, dann auch
villeicht nicht Sprache und Worte?

„ Auch keine Worte,"

schrecklichen Vermutung könnte
ich nicht träumen. Vergib, vielleicht hör
ich Dich schlecht, vielleicht missdeute ich
Dich. Vielleicht um gar nicht mich selbst
mit Selbstbezichtigung und höllischem Kaffen-
spiel, nur selbst ein Fratze, aus Spiegeln
mich selber angrinsend, in Narren meinem
eigenen Tollhause. Vielleicht meine Seele,
fallst Dir über meine Narrheit.

„Da täuschest Dich, mich behügt
Du nicht" Dein Wort mit Der Lügen,
mir nicht."

Aber ich könnte mich in
rasendem Blödsinn wälzen, der mir brau-
dende Sintflut Dich und mich ver-
schlingt. Ich könnte das Widersinnige,
das perverse Stumpfsinnige aushecken.

Vergibst Du Gedanken und Wort?
Schaffst Du sie? Bist Du nicht — mein
Knecht — ein Empfangender — ein

Bettler, der vor meinen Thüren liegt und mein Almosen aufließt? Und Du wagst es, zu denken, dass das was Du erträumst und sprichst, Blödsinn sein könnte? Weißt Du noch nicht, dass es aus mir kommt und mir gehört?"

Dann aber wird doch meine Empörung auch aus dir kommen. Dann empörst Du Dich in mir gegen Dich selber.

„Das ist Bürgerkrieg."

Scheine Phrase, die ich oftmals von mir selber hörte, auf andere angewendet. Welchem Schmerz, meine Seele, Dich Phrasen machen hören. Bist Du neurotisch? Sind wir neurotisch?

Mir wird schlecht — Comoedianten Gefasel.

Aber ich will, ich will. Ich krieche

auch durch stinkenden Schlamm, durch
der verhärteste Banale. Die Teufel auf
dem Wüstenpfade sollen mich nicht fangen
und nicht fällen. Ich kann auch Staub
fressen, es mag Phrasenkoth regnen; ~~das~~
das Banale gehört auch zur Hölle.

Ich weiche nicht, ich trotze.
Mögt ihr nur weiter Ahnen erinnern,
spinne beinige Ungeheuer, komisch-gräß-
liche Theater- und Feuilletonungeheuer.
Heran — ich bin bereit, bereit, mein
Seele, mit Dir zum Teufel hin, auch
mit Dir zu ringen. Du nahmst eines
Gottes Maske vor und ich verehrte Dich.
Nun nimmst Du des Teufels Maske ~
wehe — eine ungeheuerliche — die Maske
des Banalen, des Wort- und Phrasen—
misthaufens.

Nur eine Gunst! Lass mich
einen Augenblick zurücktreten und
überlegen? Lohnt der Kampf mit

dieser Maske? Lohnt die Verehrung
der Gottesmaske? Ich kann nicht, mir
brennt die Kampflust in den Gliedern.
Nein, nicht besiegt kann ich den Kampfplatz räumen. Ich will Dich fassen
Dich erdrücken, Hanswurst, Affe'.

Wehe, der Kampf ist unglück-
Meine Arme greifen Luft — aber Deine
Schläge sind auch Luft und ich merke —
Possen.

Und ich bin unter auf dem Pfade
der Wüste — ein Wüstengesicht — ein
Gesicht der Einsamen, die die lange Strasse
wandeln. — Ha, ein Kunstwerk! — Ver-
fluchter Strich, dieses Pfeil dass. Woher
kam er doch? Diese Strasse ist von
Abenteuern belagert, unsichtbare Räuber
und Meuchelmörder lauern auf ihr.
und senden todbringende Geschosse.
Der Pfeil steckt mir wohl im Herzen?
Sein Gift brennt. Blutige Nebel trüben
meine Augen. Jemand lädt Blei auf meine

Schultern —— .

Aber ich will, ich will.

18. XII. 13.

Die Nacht danach war schrecklich.
Ich erwachte bald an einem furchtbaren
Traum :

Ich war mit einem unbekannten
~~in braunen Wäldern~~
Jüngling in einer gewaltigen Gebirgsland-
schaft vor Tagesanbruch. Der östliche
Himmel war schon hell. Da tönte über die
Berge des Horn Siegfrieds in jubelndem
Laut, und wir wußten, daß nunmehr
unser Todfeind komme. Wir waren be-
waffnet und lauerten an einem schmalen Felsen-
pfade, um den Selben zu ermorden. Da
kam er hoch über den Berg auf seinem Wagen
aus Totengebeinen, in rotem Kleid mit schwarz
mystischen Figuren und fuhr mit unglaub-
licher Kühnheit über schroffe Felsen herunter
und gelangte auf den schmalen Pfad, an dem

wir lauerten. Als er um eine Ecke bog,
feuerten wir zugleich und verwundeten ihn
tödlich. Mein Gefährte verließ mich, um
dem Helden eine letzte Pflege angedeihen
zu lassen. ~~Ich ihm zu umgeben~~ Ich wandte mich zur Flucht.
Ein ungeheurer Regen rauschte hernieder.
Ich sprang einen unglaublich steilen
Weg nicht hinan und half dann später
meiner Frau, die langsamer nachfolgte,
heranzusteigen. Einige Leute verspotteten
uns, aber mir war es recht, denn das zeigte,
dass sie nicht wussten, dass ich den Helden
ermordet hatte."

　　　　Nach diesem Traum gieng ich durch
eine seelische Qual bis zum Tode. Und ich
fühlte, dass ich mich selber töten müsse, wenn
ich das Rätsel nicht lösen könne. ~~Oder wenn
~~ ~~ich der mich selber müsse, wenn ich den Traum nicht~~
　　　　Allmählig wurde es mir deutlich,
dass höchste Wahrheit eins und dasselbe sei ~~nicht~~
mit der ~~wahren~~ ~~Besinnungen~~ .
　　　　　　Da löste sich die ungeheure Spannung
und wie ein Regen rauschte es hernieder

all das, was Spannung, Überspannung
war. Und Bild kam der schlafwider und
brachte ein wunderlich schönes Bild:

Gestalten in warme Linie gehüllt
in einer farbigen Atmosphäre. Jede umgeben von einer eigentümlich duftig, farbig
leuchtenden Hülle, die einen rötlich, andere
bläulich und grünlich.

Von diesem Bilde strahlte ein zauber-
haftes geistig-sinnliches Gefühl aus
und ich schlief ein wie ein Erlösender.
Ich bin über die Tiefe weggeschritten und sehe
Licht. Aber es scheint mir, ich sei in einer

neuen Welt.

Wo bin ich?

Durch schmerzvolle Geburt ein Neuer,
ein Neugeborener geworden?

Ich kenne nicht Weg noch Steg,
ich habe, glaube ich, in diesem neuen Zu-
stand des Gehen noch nicht gelernt.

Soll ich mich vorwärts tasten, kriechen?
Oder soll etwas an mich kommen, das fühlt
und weiter weist?

Herrlich ist es eine belebte Welt, eine
Welt einfachster Dinge. Keine Absicht – oder
Muss – Welt, wie mir scheint, eher eine Vielleicht-
welt mit gänzlich unbestimmten Möglichkeiten,
eine Welt farbigen Zwielichts. Es scheint
hier nur kleine, nächste Wege zu geben, keine
fernen Ziele, keine breiten geraden Heerstrassen.
Darüber kein Himmel, darunter keine Hölle.
Eine seltsame Zwischenwelt — Alles in
weichen Tönen ineinander fliessend — ein
farbenreiches, harmonisch in sich verschmolzenes
Gemälde.

20.XII.13-

Der Unsicherheiten sind viele, nicht
die geringste ist, das neue Leben oder die neue
Welt zu halten. Schwach und künstlich
ist eine neue Welt — künstlich — ein schlimmes
Wort, aber ich habe gelernt, dass schwache

künstliche Anfänge, unansehnliche
zusammengesetzte Halbenwirklichkeiten
zu fürchtbaren Wirklichkeiten emporwachsen.
Das Senfkorn, das zum Baum empor-
wuchs, das Wort, das im Chaos einer
armen Fratzen empfangen wurde, es
wurde zu einem Gott, der eine zweitausend-
jährige Geschichte hat.

    Ich habe Deinen Keim empfangen,
Du Kommender, ich habe ihn in
tiefster Noth und Niedrigkeit empfangen,
ich hüllte ihn in fratzenhafte Lappen
und bettete ihn auf das Lager ströhener
Worte und die Spötter boten grinsend um
an Dein Kind, Dein wunderganzes Kind,
das Kind eines Kommenden, das den Vater
verkümmern soll, eine Frucht, niedriger ist
als der Baum, an dem sie wuchs.
    Mit Schmerzen wirst Du ein —

Pflanzen, in Wollust umglühte Deine
Geburt.

Du Luft erdröhnte von Hymnen der
Lästerreden, als der Gott Dich in mein Herz senkte.

Angst ~~aus~~ ist Dein Herold, Zweifel
steht zu Deiner Rechten, Enttäuschung
zu Deiner Linken.

Welt schrumpften zusammen in unserer
Lächerlichkeit und Vernunftlosigkeit
als wir Dich, wunderseltsamstes Kind er-
blickten.

Unsere Augen erblindeten und unser
Wissen verstummte, als wir Deinen
Glanz umfingen.

Du neuer Funke von ewigen Feuer,
in welche Nacht, in welchen Schlamm
bist Du hineingeboren! Brände des Wahnsinns
lohen Dir als Opferfeuer entgegen –

Eiskalte Stahlhände greifen mörderisch

nach Dir und zu werden hilflos an
Deiner Glut schmelzen.

Sie werden das Licht meuchlerischer
Gedanken zu Deiner Nahrung machen, und sie
werden selber daran hinsiechen.

Die wollüstige und die himmlische
Schönheit ~~wird~~ wird sich Deinem Lager
nahen, die eine wird Dich brünstig
begehren und die andere hochmütig
zutreten wollen. Sie werden Dich aber
ohnmächtig verehren und ihre Hände
unter Deinen Fuß legen.

Du wirst von Deinen Gläubigen
wahrhafte Gebete erzwingen und sie
müssen zu Deiner Ehre die Dinge reden,
die ihnen ein Greuel sind.

Du wirst über sie kommen in
der Stunde ihrer Schmach und Erniedrigung
und Du wirst ihnen offenbar werden, indem

Das zu hassen, fürchten und verabscheuen.

Man wird, o Kind, Dein Antlitz erkennen in den nächtigen Thierfratzen unserer ~~und~~ hintersten Seelengründe.

Deine Stimme, den seltensten Wohl-laut, wird man vernehmen im greinigen Gestammel des Ausgeordneten, des weggeworfenen ~~&~~ und als werthlos verdammten.

Dein Reich werden die mit Händen tasten, die auch vor der tiefsten Niedrig-keit _anbeteten_, und deren Sehnsucht zu ~~noch auch~~ durch den Strom des Übels trieb.

Deine Bahn giebst Du denen, die mit Grauen und Zweifel zu Dir beten; und Dein Licht wird denen leuchten, deren Knie sich widerwillig und voll Empörung sich vor Dir beugen müssen.

~~Also~~

Den Lohn ist mit dem, der sich
selberüberwindet, ~~hat~~ und der seine Über-
windung wider sich selbst verleugnet hat.

Ach ich weine...; das Heil der Gnade
ist nur dem gegeben, der an der Höchst
glaubt und sich selber ~~treulos~~ verräth für
dreißig Silberlinge.

Zu Deinem großen Mahle sind geladen,
die über __neuen__ Hände beschmutzten, die
über __bestes__ Wissen gegen Irrthum tauschten
und die ihre Tugenden aus einer Mörder-
grube holten.

Das Gestirn Deiner Geburt ist ein
Fix- und Wandelstern.

Dies, o Kind des Kommenden, sind
die Wunder, die dafür zeugen werden, daß
Du ein wahrhafter Gott bist.

Meine Seele, Du hast es gewollt, dass ich alle diese Worte sagte und niederschrieb. Ich wusste nicht, dass Du solche Geheimnisse hütetest. Ich staune. Du bist ein unglaubliches Rätsel. Aber was soll meine Verwunderung?

27. XII. 13.

Wie sehr mich auch sträube, es muss doch sein, dass ich wieder in die Tiefe hinuntersteige, an den Ort der Qual. Alles weist mich daraufhin. Es soll mich nicht kümmern, was ich heraufträge. Ich weiss, warum ich jämmerliche Angst habe — die ablasslosen Nächte, das Zerfetztsein des eignen Herzens, das ist es, was ich schene. Es ist fast ein physischer Ekel, der mich zurückhält. Und es muss ja doch sein. O all die Dunkelheit, schwarze Nebel umdrängen mich — ich sinke — wehe schon liege ich an einen Stein gelehnt in schwarzer Tiefe — Felsgeröll ringsum — ein alter Mann

links vor mir mit grauem Bart
in orientalischem Gewand – wohl ein
alter Prophet. Er hält seine rechte Hand
ausgestreckt, wie wenn er lehrte – zu
seinen Füßen eine große schwarze
Schlange (ich gehorche – keine Auf-
lehnung) – im Hintergrunde ein
säulengetragenes Gebäude, ein schönes
junges Mädchen tritt heraus – die Tochter
des Alten – sie tritt neben den Alten –
ist sie blind? Ich schaue erstaunt
und erhebe mich – sie nimmt meine
Hand – wir gehen zu dem Hause
~~auf Fe~~ am Fuße hoher Felswände.
Hinter uns folgt die Schlange – in
unsern umbräumtes Dunkel – ein
Teppich in einer düstern Halle
auf einem kleinen schwarzen Pinsel

ein heller wasserfarbener Crystall
von Faustgröße, der mich anzieht.
Farbige Lichter gehen von ihm aus.
(jetzt wieder schwer) Ein farbiger
Strahlenkranz umgiebt mein ganzes
Gesichtsfeld — darin Eva unter dem
Baum, daran die Schlange. — jetzt ein
wunderbar schwarzblaues Meer, felsige
Küste — ein Schiff mit rothem Segel
zieht vorüber — Odysseus und seine Gefährten — (furchtbar — daches auss)
ein Plakatbild dahinter, ein Alter
mit einem Kind —(aufwärts — über —
stauben) ich blicke in die Halle, glitzernde
Dinge, Waffen? Edelsteine? an den
Wänden + im Hintergrunde ein herrlicher
Garten mit leuchtendem Sonnenschein
wir schritten hinaus — blühende Granat-
büsche — ein schattiger Brunnen.

der Alte spricht:
„Kennst Du mein Land?"

Ich bin fremd und alles ist mir wunderlich, ängstlich wie ein Traum. Darf ich Dich fragen, wer Du bist?

„Ich bin Elias und dies ist meine Tochter Salome."

Die Tochter des Herodes? Das blutdürstige Weib?

„Warum urteilst Du so schroff? Du siehst, sie ist blind — und meine Tochter, die Tochter der Propheten."

Welches Wunder hat euch vereinigt?

„Kein Wunder, es war von Anfang so. Meine Weisheit und meine Tochter sind Eins."

Ich bin erstaunt und vermag

ernicht zu fassen.

„Denke denn nach. Elias der
Prophet und Salome, die mörderische und verruchte Tänzerin — ihre Blindheit hat
uns mit Eingheit zu Gefährten gemacht,
zu Vater und Tochter."

Vergib mir mein Staunen. Ich bin
wohl in der Unterwelt?

„Dies ist das Haus der Träume oder
besser — gieb ihm keinen Namen."

Salome (zu uns gewendet): „Liebst
Du mich?"

(Überschrecke, alles Blut drängt
sich zum Herzen):

Wie kann ich Dich lieben? Wie
kommst Du zu dieser Frage? Ich sehe
nur Eines, Du bist Salome, ein Tiger
und das Blut des Heiligen klebt an Deinen
Händen. Wie sollte ich Dich lieben?

„ Du wirst mich lieben."

(Das Entsetzen packt mich am Halse .)

Ich Dich lieben ? Wer giebt Du das Recht zu solchem Gedanken ?

„ Ich liebe Dich ."

Lass ab von mir . Mir graut vor Dir , Bestie .

„ Du thust mir Unrecht , Elias ist mein Vater und erkennt der Geheimnisse tiefste , die Wände seines Hauses sind von edlen Steinen, seine Brunnen enthalten heilkräftige Wasser, und sein tiefes Auge schaut die zukünftigen Dinge — Und was giebst Du nicht darum um einen einzigen Blick in die unendlichen Dinge des Kommenden ? Wären sie Dir nicht selbst eine Stunde werth ?"

Schrecklich ist Deine Vernichtung,

Ich sehne mich zurück nach der Oberwelt, hier
ist es grauenhaft. Wie übersät und schwer
ist die Luft.

Ich schaue nach Elias. Mächtige Brauen
beschatten seine Augen. Er spricht:
»Was willst Du? Du hast die Wahl.«

Aber ich gehöre nicht zu den Toten,
ich lebe am Lichte des Tages. Warum
soll ich hier in der Tiefe der Unterwelt, mich
um Salome quälen und habe doch genug am
eigenen Leben zu tragen?

»Du hörtest, was Salome ~~sprach~~
sagte.«

Ich kann mich noch immer nicht von
meinem Staunen erholen, dass Du der alte
Prophet sie als Tochter und Gefährtin erkennen kannst. Ist sie nicht aus ruch-
losem Samen gezeugt? ~~Hat~~ Was sie
nicht eitel Gier und perverse Wollust?

„Sie liebt also einen Heiligen" —

Und hat schmählich sein theures Blutvergossen.

„Unterbrich mich nicht, mein Sohn; sie liebt den theiligen Propheten Gottes, der den seiner Welt den neuen Gott verkündigte. Ihn liebt sie — verstehst Du das? Denn sie ist meine Tochter.

Du meinst, weil sie Deine Tochter ist, liebte sie in Johannes den Propheten, den Vater? Verstehe ich Dich wohl?

„An ihrer Liebe magst Du sie erkennen.

Aber, _wie_ liebt sie ihn!? Nennst Du das noch Liebe?

„Was war es anderes?"

Aber mir graut, denn wem sollte es nicht grauen, wenn Salome ihn liebt?

„Bist Du ein Feigling? Und überdies — Ich und meine Tochter — wir sind seit Ewigkeiten Eins.“

Grausame Rätsel giebst Du mir auf. Wie könnte es möglich sein, dass das heillose Weib und Du, der Prophet deines Gottes, Eins wären?

„Warum wunderst Du dich. Du siehst es doch, wir sind beisammen.“

Was ich mit eigenen Augen sehe, das eben ist mir das Unfassbare. Du, Elias, der Du ein Prophet, der Mund Gottes bist, und sie, ein blutdürstiges, ~~und~~ geiles Ungeheuer — ihr seid doch Symbole äusserster Gegensätze.

„Wir sind ~~und~~ wirklich beisammen und sind keine Symbole. Wir sind wirklich beisammen.“

Die schwarze Schlange windet sich um einen Baum empor und verbirgt sich in den Zweigen.

Alles wird düster, zweifelhaft. Elias und Salome erheben (sich), erführt es bei der Hand, ich stehe unschlüssig. Elias geht voran, winkt mir mit der Hand und wir gehen zurück in die Halle. Der Crystall leuchtet matt. Ich denke wieder an das Bild von Odysseus, wie er an der Felseninsel der Sirenen vorbeifuhr auf langer Irrfahrt. Soll ich, soll ich nicht?

Elias und Salome schweigen. Wir treten unter die Säulen am Eingang. Der Zweifel zerreißt mein Herz — ich weiß nicht. Es ist so unwirklich und dennoch bleibt ein Stück meiner Sehnsucht zurück. Werde ich wieder kommen? Werde ich den Weg wieder—

finden zum Hause dies Rätsels? Der
Weg, den ich nicht gesucht und nie erwartet
habe? Salome liebt mich? Liebe ich sie?
Ich hör wilde Musik, das Tamburin,
— eine schwüle Mondnacht — dann das
blutig-starre Haupt des Heiligen — mich
faßt die Angst — ich stürze hinaus, es
ist finstere Nacht um mich, ich bin zwischen
Felsgeröll, ferne raucht ein Seuäuer
über Klippen — wer hat den Heiligen
gemordet? Küßt mich Salome drum?
Liebe ich sie, und habe ich darum den Heiligen
gemordet? Sie ist Eins mit dem Propheten,
eins mit Johannes, eins auch mit mir?
Wehe, wer ist die Hand Gottes?

    Ich liebe sie nicht, ich fürchte sie.
meine Kniee zittern.
    Eine Stimme sagt: „Daran erkennet
ihr ihre Gotteskraft."
    Muss ich Salome lieben?

22. XII. 13.

Was werde ich schreiben? Es ist Alles
Dunkel vor mir. Kein Umriss, kein Heller und
kein Dunkler. Es ist der Thor der Finsterniss,
wer dort hineingeht, der hat nach Wächstem
zu tasten, er hat seinen Weg zu fühlen von
Stein zu Stein. Kein Gedanke kommt
ihm klar entgegen, man muss sie alle
abtasten, Werthvolles und Werthloses
mit gleicher Liebe umfangen, denn in dieser
Welt des Dunkels sind unsere Werthe
aufgehoben. Ein Berg ist ein kleinstes
Nichts, und ein Sandkorn birgt König-
reiche — ~~Jedenfalls~~ oder auch nicht.

Jegliches Werthurtheil muss von
Dir abfallen, auch jegliches sonstiges
logisches Urtheil; selbst dein Geschmack
soll vor dem Thore abgelegt werden.
Entledige dich allen Wissens und vor Allem
~~lass~~ opfere den Dunkel, auch wenn er
auf Verirrten zu beruhen scheint.

Wer hier eintritt, tritt [ein] als ein Armer und
Blöder, denn was wir Wissen nennen,
ist hier Unwissenheit, Sehen Blindheit,
Hören Taubheit, Fühlen Stumpfheit.
Ganz arm, elend, demütig, unwissend
gehe durch das Thor. Aber auch in Deiner
Armuth, Unwissenheit und Demuth sei
nicht gierig und anmassend und erwarte
nicht Brot noch Steine, sondern schaue
begierdelos und hülerwartsflos. Wende all
deinen Zorn gegen Dich selbst, denn nur du
selbst kannst Dich hindern am schauen.
Das Mysterienspiel ist zart wie Luft und
feiner Rauch und du bist brutaler Stoff,
der an sich schon störend schwer ist.

All deine Hoffnung aber, die deine höchstes
Gut und höchstes Können ist lass vorangehen
und lass die als Führer in der Welt des Dunkeln
seien, denn sie ist von ähnlicher Substanz wie

di Gestaltungen jener Welt. Laß deine
Hoffnung ihr entgegenschwellen ins
Unüberwindbare.

Ich stehe nun unten auf jener
weiten Stelle in einer felsigen Tiefe, die
uns erscheint wie ein riesiger Krater.
In der Ferne erblicke ich, an den felsigen
Hang geschmiegt, das säulengetragene
weiße Haus. Es ist Allerdüster, unheilig
und mächtig.

Ich sehe Salome in weißem Kleid
ferne nach links hingehend längs
der Wand des Hauses als ein Blinde.
Hinter ihr die schwarze Schlange. Unter
dem Portale steht der Alte, er winkt mir
von ferne. Ich schreite zögernd näher.
Er ruft Salome zurück, sie nähert sich
ihm und lehnt sich an ihn. Sie ist wie
eine Leidende. Nichts kann ich entdecken
an ihr, was im Geringsten an ihren Frevel

Ihre Hände sind weiss und ihr Gesicht
ist von sanftem Ausdruck.

Vor den Büschen liegt die Schlange.

Ich stehe vor ihnen, ungeschickt, ungewiss
wie ein thörichter Knabe.

»Oder schüder«, möchte ich sagen.
Die Worte bleiben mir aber im Halse stecken.
Es ist Alles so schrecklich ungewiss und
zweideutig.

Der Alte sieht mich forschend an:

»Was willst du hier?« fragt er mit
strengem Ton.

»Vergib, es ist nicht meine Zudring-
lichkeit oder Anmassung, die mich hierher-
treibt. Ich bin wie ein Ungefähr hier, nicht
wissend was ich will. Ich gestehe aber, dass
eine Sehnsucht mich hierher zurückgebracht
hat, eine Sehnsucht, die gestern in Deinem
Hause zurückblieb.

Ich sehe wie Salome leise lächelnd
ihr Gesicht zum Alten erhebt. Es sieht

aus, wie eines Glück. Ja — es sieht
so aus. Doch — ist sie nicht Salome?

Siehe, Prophet, ich bin müde, mein
Kopf ist schwer wie Blei. Ich bin verirrt
in meiner Unwissenheit. Ich habe genug
mit mir selben gespielt; es waren heuchlerische Spiele, die schmitt mir trieb, und ni wären
wir alle zum Ekel geworden, wenn es nicht
klug wäre, in der Welt der Menschen das zu
spielen, was die Andern von uns erwarten.
Es ist mir, als ob ich hier wirklicher wäre.
Und doch liebe ich es nicht, hier zu sein; ich
glaube sogar, es widersteht mir.

Elias und Salome treten wortlos
ins Innere des Hauses. Ich folge wider-
strebend nach. Mich quält ein Schuldge-
fühl — ist es böses Gewissen? Ich möchte
umkehren. Aber ich muss, ich fühle es.

Die Halle ist düster. Dort ist der

leuchtende Crystall. Ich muss näher
treten und in sein Feuerspiel blicken.
Ich sehe im feurigen Kranze d. Gottes-
mutter mit dem Kind wie ein altes Gemälde.
Links neben ihr Petrus, sich verneigend.
Petrus allein mit den schlüsseln — der
Papst mit 3facher Krone u. Feierkleidern
Andreas — ein sitzender Buddha erscheint
im Feuerkreis — jetzt ein vilarmige Kali;
jene blutige Gottheit — jetzt Salome
selber mit verzweifelt gerungenen Händen.
jetzt jene weisse Mädchengestalt mit
dem schwarzen Haar — meine eigene
Seele — und jetzt jene weisse Männer-
gestalt, die mir damals auch erschienen
ist — ist es der sitzende Moses des
Michelangelo — es ist Elias.

            Elias und Salome stehen vor mir,
wirklich, wie leise lächelnd.

Dieses Schauen ist qualvoll und der Sinn dieser Bilder ist nur Dunkel, Elias, ich möchte dich bitten, gieb Licht.

Elias erröthet schweigend und geht mir nach links voran. Salome wendet sich rechts in einen Säulengang. Ich folge Elias in einen noch dunkleren Raum. An den Wänden scheinen Büchergestelle zu sein. Von der Decke hängt eine röthlich brennende Lampe herunter. Ich setze mich erschöpft in einen Armstuhl. Elias steht vor mir auf einen marmornen Boden gestützt. Hinter ihm düstere blaue und rothe kleine Fensterscheiben.

Er spricht:

„Bist Du bange? Warum fürchtest Du dich? Deine Unruhe trägst Schuld von deinem bösen Gewissen. Nicht-Wissen wirkt wie Schuld. Du wünschst, der Drang nach verbotenem Wissen

sei die Ursache deines Schuldgefühles.
Du täuschest Dich; besonders aber über
Dich selbst. Warum, denkst Du, dass du
hier bist?«

Ich weiss es nicht. Ich versank
an einen Ort, als ich unwissend dem
nicht Genannten mich entgegenschritt.
So bin ich hier erstaunt und verwirrt,
wie ein unerwünschter Thor. Ich erfahre
wunderliches in Deinem Hause, Dinge, die
mich erschrecken und von denen ich nicht
weiss, was sie bedeuten sollen.

»So höre: Wäre es nicht dein Gesetz
hier zu sein, wie wärest du hier?«

Mich erfüllt das Gefühl tötlichen Schwäche,
mein Vater —

»Du weichst aus. Du kannst Dich
deinem Gesetz nicht entwinden.«

Wie meinst Du? Wie kann ich mich
dem entwinden, was mir unbekannt ist,

was ich euch mit Gefühl und Ahnung
nicht erreichen kann?

„Du lügst — würst Du nicht,
wenn du selber erkannt hast, was
es bedeutet, wenn Salome dich liebt?

Du hast Recht. Es ist ein zweifeln-
der und unsicherer Gedanke für einen
Augenblick in mir aufgestiegen; doch
ich hatte ihn wieder vergessen.

„Du hast ihn nicht vergessen.
Er brannte tief in deinem Innern. Aber
du hast Angst vor dem Grössenwahn. Bist
du so feige? oder kannst du diesen
Gedanken nicht gut genug von dir selber,
von deiner Menschlichkeit unterscheiden,
sodass du ihn für Dich in Anspruch nehmen
wolltest?"

Der Gedanke ging mir zu
weit und ich scheue mich vor weit-
fliegenden Ideen. Sie sind gefährlich, da

ich bin auch ein Mensch, und Du weißt,
wie sehr die Menschen gewöhnt sind, Gedanken
als ihr Eigentum, Inneres anzusehen, sodass sie sich schliesslich selber damit verwechseln.

„ Wirst du, frage ich Dich, Dich
darum mit einem Baum oder einem
Thier verwechseln, weil du anschaust
oder weil sie mit dir in einer und der-
selben Welt existieren? Musst du deine
Gedanken sein, weil du in der Welt deiner
Gedanken bist? Ich denke, es wäre doch
einleuchtend, dass deine Gedanken ebenso
sehr ausserhalb deines ~~Geistes~~ Selbst sind,
wie Bäume und Thiere ausserhalb deines
Körpers sind. "

Du hast gewiss Recht von deinem
Standpunkt aus. Jedoch waren meine
Gedankenwelt für mich mehr werth als
Thatsache . Ich dachte , ~~ich~~ meine Gedanken-
welt, das sei Ich.

„ So arweitest du, ohne es zu sehen,

die Beute deines Größenwahnes. Sagst
Du zu deiner Menschenwelt, ja zu jedem
Ich und Jeglichem Wesen ausser
Dir: das ist mein Ich oder mein Körper?

Ich trat in dein Haus, mein
Vater, mit dem Gefühl, wie ein Schul-
junge gescholten zu werden. Du lehrst
mir aber eine heilsame Weisheit: ich
kann einen Gedanken auch als ausserhalb
meiner selbst seiend betrachten. Das
hilft mir, zu jener erschreckenden Schluss-
folgerung zurückzukehren, die meine
Zunge zittert, auszusprechen.

Ich dachte, Salome liebe mich,
weil ich Johannes oder Dir ähnlich
sei. Dieser Gedanke erschien mir allzu
kühn und unglaubhaft. Deshalb ver-
verschieben und dachte, sie liebe mich vielleicht
weil ich Dir gerade entgegengesetzt

ri, das heißt, zu lebe ihr schlechtes
in meinem schlechter. Dieser Gedanke ver
vernichtend.

Der Alte schweigt lange. Dunkle
schwere liegt auf mir. Salome tritt plötzlich
in den Raum, legt ihren Arm um meine
Schultern. Sie hält mich wohl für ihren
Vater, in dessen Stuhl ich offenbar sitze. Ich
wage mich nicht zu rühren noch zu sprechen.

Sie spricht: „Ich weiß, Du bist nicht
mein Vater. Du bist mein Sohn und ich
bin deine Schwester.“

Du, Salome, meine Schwester?
Aber dies der schreckliche Ruiz, den du aus-
strömtest, jenes unnennbare Entsetzen
vor Dir, vor Deiner Berührung? Aber
wer unsere Mutter?

„Maria“.

Ist es ein höllischer Traum, Salome
Elias? Maria, unsere Mutter?

Welcher Wahnsinn lauert in Deinen Worten? Die Mutter des Heilandes — unsere Mutter?

Als ich heute Eure Schwelle überschritt, ahnte mir Unheil — Weh, es ist eingetroffen. Der Zweifel zerreißt mein Herz. Bist Du von Sinnen, Salome? Du Elias, Hüter des göttlichen Rechtes, rege: ist es ein teuflischer Zauber der Verworfenen? Wie kann sie solches sagen — oder seid ihr Bilder von Sinnen? Oder bin ich von Sinnen?

Ihr seid Symbole und Maria ist ein Symbol — ich bin nur zu verwirrt, um euch jetzt zu durchschauen.

Der Alte spricht:

Du magst uns Symbole nennen, mit demgleichen Recht, wie Du deine wirklichen Mitmenschen Symbole nennen

kommst, wenn du Lust dazu hast. Hier
wir sind und sind ebenso wirklich wie
deine Mitmenschen. Du entkräftest nichts
und löscht nichts, wenn du uns auch nicht
als Symbole benennen wirst."

Du stürzest mich in eine
ungeheuerliche Verwirrung. Ihr wollt
Realitäten sein?

Der Alte lächelt: "Gewiss sind wir das,
was du Realitäten nennst. Hier sind wir
und da hast anzunehmen. Du hast die
Wahl."

Ich sitze schweigend. Laben hat
sich von mir entfernt. Ich blicke zweifelnd
und bedrückt um mich. Im Hintergrunde
des Raumes brennt eine hohe gelbrothe
Flamme auf einem kleinen undeutlichen –
uralter. Um die Flamme hat sich
die Schlange in Kreis gelegt, ihre Augen

glitzern gelblichen Widerschein. Ich
wende mich schwenkend zum Ausgang.
vor mir geht langsam ein gewaltiger
Löwe durch die Halle. Ich sehe ihn
ohne Grauen. Draussen wölbt sich
ein gewaltiger Sternhimmel über
der wilden Felslandschaft — kühle
Nachtluft — ich höre das ferne Gewässer
rauschen. Alles ist so wirklich und kalt.
Ich gehe langsam hinaus in die Felswüste,
in dieses Thal der Rätsel. Wohin ich
hergekommen? Welches war der Weg
in die Unterwelt. Ist es wirklich die
oder eine Unterwelt? Oder ist es die andere
Wirklichkeit? Es scheint hier zwingende
Realitäten zu geben. Was hat mich hierher
gezwungen, wenn es nicht diese anderen
Realitäten waren? Offenbar mit sie mir
irgend wie überlegen, denn ich werde erst

nichts von ihnen, sie wohl aber von mir und zwingen könnten mich zwingen zu ihnen zu kommen auf mir unbekanntem Weg, den ich besinnungslos durchflogen haben muss.

Und schon bin ich wieder hier, an meinem Bücherschrank, Stunden sind vergangen und ich bin müde wie von langer Fahrt. Was habe ich mitgebracht? Ich glaube, ich muss diesen Menschen wohl sehr dumm vorkommen.

25. XII. 13,

Darf ich das dieses Muss bis heute bittere vielleicht auch wünschen, sogar wollen? Ich weiss es nicht, denn es ist Alles so überaus dunkel und durchaus geheimnisvoll. Das Geheimnis soll jungfräulich bewahrt bleiben — oder irre ich? Es ist besser bewahrt, als je ein Mensch es bewahren könnte, denn keine Menschenhand kann es berühren, es sei denn, dass es ihm gehören werde. Niemand kann es sich stehlen, niemand gewaltthätig rauben.

Nur wer arm und erwartend an der Pforte harrt, dem öffnet mi sich_vielleicht.

Ich stehe an einem Felsgrat, der steilaufwärts führt in wüster Gegend. Graues zackiges Gestein — ein blauer Himmel. Da erblicke ich oben in grosser Höhe den Propheten. Seine Hand macht eine abwehrende Bewegung und ich stehe ab von meinem Entschluss hinaufzusteigen. Ich harre unten, hinaufblickend. Der Mantel des Propheten flattert im Winde —

Ich sehe: Rechts von ihm ist Dunkel — Nacht, links ist heller Tag. Der Felsgrat scheidet Tag und Nacht. Die Nacht ist wie ein ungeheuergrosses schwarzes, aber durchsichtiges Ungethüm wie eine Schlange oder ein Drache.

Der Tag dagegen enthält eine riesen-
große weiße Schlange (mit einer goldenen
Krone?)

Die beiden Schlangen richteten wie kampf-
begierig ihre beiden Häupter gegeneinander.
Elias steht oben in der Höhe dazwischen.
Der Prophet hebt betend die Hände empor.
Plötzlich stürzen sich die Schlangen über den
Felsgrat und ein wütendes Ringen beginnt.
Die Nachtschlange ist ein größeres Stück auf
der Seite des Tages. Ungeheure Staubwolken
erheben sich vom Kampfplatz und trüben
den Anblick. Die Nachtschlange zieht
sich zurück. Der vordere Teil ihres Körpers
ist weiß geworden. Die Schlangen ringeln
sich auf und verschnüren, die eine im
Licht, die andere im Dunkeln. Elias steigt
von oben herunter und bleibt in einiger Ent-
fernung über uns stehen.

Es spricht zu mir! »Werdet
Du gesehen?«

Ich sah den Kampf zweier gewaltiger
Schlangen, einer weissen und einer schwarzen.
Es schien mir, als ob die schwarze Schlange
die weisse überwinden werde, aber siehe
da, die schwarze zog sich zurück, und ihr
Haupt und der vordere Theil ihres Körpers
waren weiss geworden.

„Verstehst Du das?"

Ich habe schon darüber nachgedacht,
aber ich kann zu keiner deutlichen Erklärung
kommen. Soll es vielleicht heissen, dass
die Macht des guten Lichtes so gross sei, dass
selbst die Macht, die ihm widerstrebt, dadurch
erhellt wird?

„Folge mir!"

Elias steigt vor mir dem Grate entlang
in die Höhe. Ich folge. Wir steigen auf zu
einer sehr grossen Höhe. Oben finden wir
cyclopisches Mauerwerk, mit dunkeln

Spalten und Löchern. Es scheint mir ein
Floß zu sein oder ein Wallrücke. Unter den
Wellen ~~wie~~ höhlenartige Gelasse. In der
Mitte der Hofraumes ein mächtiger
Stein, ein gewaltiger, obenflacher
Felsblock. Auf diesem steht der Prophet.

Er spricht:

„Dies ist der Tempel der Sonne.*
Dieser ummauerte Raum ist ein Gefäss,
welches das Licht der Sonne, des Gottes,
sammelt.

Wie Elias vom Steine heruntersteigt,
bemerke ich, dass seine Gestalt viel kleiner
geworden ist. Es ist zum Zwerg geworden,
der mir fremd erscheint.

Ich frage ihn erstaunt: Wer bist
Du?

„Ich bin Mime* und ich will
Dir die Quellen zeigen. Das Licht, das dein
Gefäss sammelt, wird zu Wasser und ~~läuft~~

fliesst in vielen Quellen aus dem Gipfel
des Berges in die Erdenstücke. Mime geht
zu einer der dunkeln Öffnungen im Mauerwerk
des Weltringes und taucht ins Dunkel
hinab. Ich folge ihm. Hier Innen ist
schwarze Dunkle Nacht. Man hört das
Plätschern einer Quelle:

Von unten tönt die Stimme
des Zwerges: „Hier sind meine Brunnen.
Weise wird, wer daraus trinkt.“

Doch ich komm nicht hinunter,
sondern klammere mich oben an einen
Stein. Allmählig gewöhnen sich meine
Augen ans Dunkle. Ich sehe in bläulich-
mattem Licht den Zwerg stehen neben
einer kleinen Wasserader. Aber ich kann
nicht hinunter.

Mir wird leer zu Muthe. Ich
sehe draussen auf dem gigantischen Hofraum
die helle Sonne fluthen. Mir kommt der
Zwerg spuckhaft vor. Ich sah das Gefühl

einer Hallucination. Ich schritt zweifelnd
auf dem gewaltigen Quadern des Hofes hin und
her, rathlosig, ob mich Phantom mich hieher-
gelockt hat? (möglich) Denn mir erscheint Alles fremd
und unverständlich. War es Elias? war es
Ulme?

Es ist hier so einsam und totenstill
und eine kühle klare Luft wie auf höchsten
Bergen — ein wunderbares fluthendes
Sonnenlicht ringsum. Ich sehe ringsum
mich die gewaltige Mauer, die den Horizont
bildet — riesenhaft zackig. An den
Steinen wachsen graue und gelbe Flechten,
sonst kein Halm. Was hat es für eine
Bewandtnis mit diesem Ort? Ich denke
es sei eine alte druidische Cultstätte.

Da kriecht eine schwarze Schlange
über die Steine — die Schlange der Propheten.
Wie kommt sie hieher aus der Unterwelt?
Ich folge ihr mit den Blicken und sehe

wie über zur Mauer kriecht. Mir wird's so
seltsam zu Muthe. Dort steht ja ein
kleines Häuschen mit einem Säulenvordach,
ganz winzig klein, an den Fels geschmiegt,
die Schlange wird unendlich klein – ich
selber schrumpfe zusammen – die Mauern
erhöhen sich zu gewaltigen Gebirgen und
ich bin unten auf dem Grunde Kraters –
in der Unterwelt und stehe vor dem Hause
des Propheten, das wieder seine natürliche
Grösse zu haben scheint.

Es ist hier unten dunkel und
nächtig, wie immer.

Der Prophet erscheint in der
Thüre des Hauses. Ich gehe raschen Schrittes
hinein und spreche zu Elias:

Ich merke, Du hast mich allerhand
Merkwürdiges schauen und erleben lassen, ehe
ich heute bis zu Dir kommen durfte. Aber
ich gestehe, es ist mir Alles dunkel. Deine
Welt erscheint mir heute in einem neuen

nicht - Eben wäres mir noch, als
sei ich nach Gertrus weitem von Deinem
Ort getrennt, wo ich heute doch hinzugelangen
hoffte und siehe da, es scheint ein und
derselbe Ort zu sein.

„Du warst, mein Sohn, zu
begierig hierher zu kommen. Nicht ich,
sondern Du hast Dich selber hast Dich getäuscht. Es sieht
nicht gut, wer sehen will. Es wirrt
zu sehr. Du hast Dich vermessen."

Es ist wahr, ich wünschte nicht
nur, sondern ich begehrte sogar heftig, zu
Dir zu gelangen, um ein zu hören, was
Du und Salome mir weiter erklären
würden. Salome hat mich erschreckt und
in Verwirrung gebracht, mir schwindelte, denn
was sie mir sagte, erschien mir ungeheuerlich
und wie Wahnsinn. Wo ist Salome?

„Wie stürmisch Du heute bist? Was
kommt Dich an? Tritt vorerst zum Crystall

und erforsche Dein Herz in seinem Lichte

Ich trete zum Crystall. Ein ...
Feuerkranz tritt uns vor die Augen: Er
umschließt eine Leere. Mich befällt Angst.
Mein Vater, ich sehe einen Schuh, wie ihn
der Bundschuh im Wappen führte — ich
sehe den Fuß eines Gewaltigen, der eine ganze
Stadt zertritt — ich sehe das Antlitz der
Sonne — mein eigenes Bild, es lacht —
wehe, was heißt es?

„Schaue weiter, Du bist begehrerisch.
Dämpfe Deine Begier. Du irrst. Du triebst
Dir seltsame Wege."

Ich sehe das Kreuz — die Kreuzabnahme
die Beklagung — wie qualvoll dies schauen —
Ich will nicht mehr.

„Du musst".

Ich sehe ein Kind, in der rechten
Hand die weiße und in der linken die schwarze
Schlange.

über den grünen Berg, daran das Kreuz,
und Ströme von Blut fließen vom Gipfel des
Berges.

Ich kann nicht mehr — es ist unerträglich.

„Du mußt."

Ich sehe das Kreuz und daran Christum in
seiner letzten Stunde und letzter Qual. Um den
Fuß des Kreuzes hat sich die schwarze Schlange
geringelt.

Ich fühle um meine Füße hat sich die
Schlange des Propheten geringelt und schnürt
sie eng zusammen. Der Prophet sieht auf
mich flammenden Blickes. Ich bin in
der Gewalt und breite meine Arme aus
von rechts her sieht mich Salome — Mein
Körper ist schon ganz umschlungen von der
Schlange und es ist mir als hätte ich das Gesicht eines
Löwen.

Salome spricht:
„Maria war die Mutter Christi".
Verstehst Du jetzt?"

Ich sehe, daß eine furchtbare

und unbegreifliche Gewalt mich zwingt
den Herren in seiner letzten Qual nachzuahmen.
Aber wie konnte ich mir anmassen, Maria
meine Mutter zu nennen?

„Du bist Christus".

Ich stehe mit ausgebreiteten Armen,
wie ein Gekreuzigter, mein Körper eng
und grässlich umschlungen von der Schlange.
Elias blickt auf mich flammenden Auges.

Du Salome sagst, ich sei Christus?
Es ist mir als stünde ich auf einem
hohen Berge allein mit starr ausgebreiteten
Armen, die Schlange presst meinen Körper
in ihr furchtbaren Ringe und mein Blut strömt
aus meinem Körper in Quellen an den
Seiten des Berges hinunter.

Doch ich bin wieder von den ersten,
immer noch in gleicher Stellung. Salome
beugt sich zu meinen Füssen und umwickelt

sie mit ihrem schwarzen Haare. Sie liegt
langso, dann sagt sie: "Ich sehe Licht."
Und wirklich sie sieht, ihre Augen sind geöffnet.
Die Schlange fällt von meinem Leibe und
liegt matt am Boden. Ich schreite über sie hin-
weg und kniee zu den Füssen des Propheten,
dessen ganze Gestalt hell leuchtet.

Er spricht: "Dem Werk ist hier
erfüllt. Es werden andere Dinge kommen,
von denen Du jetzt nichts weisst. Aber suche
unermüdlich, und vor Allem, schreibe getreu,
was Du siehst."

Salome blickt wie in Verzückung zum
Lichte, das vom Propheten ausstrahlt. Dies wird zu einer weiss leuchtenden
gewaltigen Flamme und die Schlange legt sich
zu Füssen der Flamme. Salome kniet vor
dem Lichte in wunderbarer Hingebung.
Mir stürzen die Thränen aus den Augen.
Ich entschwebe langsam in die Nacht. Meine
Füsse berühren den Boden nicht, sie schweben

Erde, und es ist mir, als ginge
über Luft -

Hier bin ich müde. Etwas ist
vollendet. Es ist mir, als hätte ich eine
Gewissheit mitgebracht — und eine
Hoffnung.

---

26 XII 3.

„Dem Hauch der Liebe lausch' ich immer;
Was sie mir immer verspricht, nehm' ich wahr
Und schreib es nach, nichts aus mir selbst ersinnend."

Dante. Purgatorio - 24. Ges. 52 ff.

„Und gleich der Flamme, die sich nachbewegt,
Wo irgendhin des Feuers Pfade gehen,
So folgt die Form, wohin der Geist sie trägt."

Dante. 25. Ges. 97 ff.

Diese Nacht beginnt mit dem Gefühl des Nichtwissens
und Nichtkönnens. Einzig die Erwartung wacht und
blickt aus wie von einem hohen Thurm, der weit-
um das Land beherrscht -

Ich stehe auf hohem Thurme.
Weit dehnt sich der Horizont. Ein grauer
Wolkenhimmel deckt die Erde. Ich bin
ganz Erwartung. Am äussersten Ende
des Landes entdecke ich einen rothen
Punkt. Er kommt näher auf geschlängelter
Strasse, verschwindet bisweilen in Wäldern,
kommt wieder hervor — ein Reiter in
rothem Mantel, ein rother Reiter — der
rothe Ritter?

Ich bin auf ferner Burg auf steilem
Felsen — eine mittelalterliche Stimmung.
Mir scheint, ich trage ein grünes Gewand.
Ein mächtiges Horn hängt an meiner Schulter.
Der rothe Reiter nähert sich der Burg.

Soll ich ins Horn stossen? Ein zögern
befällt mich — doch ich thue es. Ein
dröhnender Hornstoss. Unten eilen viele
Leute aus den Thüren — sie öffnen das
Thor. Der Rothe reitet herein und
springt vom Pferd. Ich schaue unverwandt hinab. Etwas Unheimliches scheint
mit ihm zu kommen. Ich ziehe mich
ins Thurmgemach und muss nach der
Thüre schauen. Wie wenn der Rothe zu
mir käme — ein Gast der Burg vielleicht,
warum sollte er zu mir heraufsteigen?

        Ich höre Schritte auf der Treppe —
die Stufen knarren — es pocht — ich zittere
und öffne die Thüre. Da steht der Rothe.
Eine lange Gestalt, ganz in Roth, selbst
sein Haar ist roth. Ich denke, es
ist am Ende der Teufel.

        Er spricht: Ich grüsse Dich, Mann

auf hohem Thurm. Schrak Dich ja von
ferne anschauend und erwartend. Deine
Erwartung hat mich gerufen."

Wer bist Du?

"Wer ich bin? Du denkst ich sei der Teufel.
Mach keine Urtheile. Du kannst vielleicht
auch mit mir reden, ohne dass Du weisst,
wer ich bin. Was bist du für ein abergläubi-
scher Geselle, dass täglich an den Teufel denkst?"

Wenn du nicht ein übernatürliches
Vermögen hast, wie konntest du fühlen,
dass ich erwartend auf meinem Thurme
stand? anschauend nach dem Unbekannten
und Neuen? Unser Leben auf der Burg ist arm,
und mein Leben ganz besonders, da ich immer
hier oben sitze und Niemand zu mir herauf-
steigt.

"Was erwartest Du denn?"

Ich erwarte vielerlei und besonders erwarte
ich, dass Etwas vom Reichthum der Welt, zu mir

nicht sehen, zu mir kommen möchte.

„Dann bin ich bei der wohl am rechten Ort. Ich wandere seit langem durch alle Lande und suche mir, die, die wie Sie auf einem Thurm sitzen und nach ungesehenen Dingen Umschau halten."

Du machst mich neugierig. Du scheinst von seltener Art zu sein. Auch ist dein Aussehen nicht gewöhnlich. Auch — verzeih mir — scheint es mir, als brächtest Du eine merkwürdige Atmosphäre mit, so etwas weltliches, freches oder ausgelassenes — oder — wenn ich es deutlich bezeichnen soll — so etwas Heidnisches.

Der Fremde lacht wohlgefällig:

„ Du beleidigst mich nicht, im Gegentheil, Du triffst deinen Nagel auf den Kopf. Ich bin kein alter Heide, wie Du zu denken scheinst."

Das wollte ich auch nicht behaupten.

Dazu bist du nicht breitspurig und lateinisch
genug. Du hast nichts Clamisches an dir.
Du scheinst ein Sohn unserer Zeit zu sein,
aber wie ich bemerken muss, ein etwas ungewöhnlicher — ja sogar sehr ungewöhnlicher. Du bist
kein ächter Heide, sondern ein Thür, der
neben unserer christlichen Religion herläuft.

„Du bist wahrhaftig ein guter Rätsel-
rather. Du machst deine Sache besser als viele
Andere, die mich gänzlich verkannt haben.“

Dein Ton ist kühl und spöttisch. Hast
du dein Herz nicht nie gebrochen für die
allerheiligsten Mysterien unserer Religion?

„Du bist ja ein unglaublich schwerfälliger
und ernsthafter Mensch. Bist du immer
so eindringlich?“

ich möchte — vor Gott — immer so ernsthaft und mir selbergetreu sein, wie ich es
auch jetzt versuche zu sein. Es wird mir allerdings schwer in deiner Gegenwart. Du bist bringst
eine Art Galgenlust mit. Gewiss bist du

Einer von der schwarzen Schule in Salerno,
wo verderbliche Künste gelehrt werden von Hexen
und Hexenabkömmlingen."

„Du bist abergläubisch und —
zu deutsch. Du nimmst es auf Wort
genau, was deine heiligen Schriften sagen."
Sonst könntest du mich nicht so hart be-
urtheilen."

Ein hartes Urtheil sollte mir ferne
liegen. Aber meine Witterung täuscht mich
nicht. Du bist ausweichend und elastisch
und willst Dich nicht verrathen. Was ver-
birgst Du?

Der Rothe scheint noch röther zu
werden, es scheint wie glühendes Eisen aus
seinem Laren,

„Ich verberge nichts, du Freiherzyger,
— ich ergötze mich blos an deinem zurichtigen
Ernst und an deiner komischen Wahrhaftig —
keit. So was ist selten in unserer Zeit, besonders bei Menschen, die über Verstand verfügen

wie du."

Ich glaube, du kannst mich nicht ganz verstehen. Du missest mich wohl an denen, die du von lebenden Menschen kennst. Aber ich muss dir sagen, um der Wahrheit willen, dass ich eigentlich nicht in diese Zeit und an diesen Ort gehöre. Ein merkwürdiger Zauber hat mich mit Jahr und Tag an diesen Ort und in diese Welt gebannt. Warum und wieso, das weiss ich nicht. Ich bin in Wirklichkeit nicht so, wie du mich siehst.

"Du sagst erstaunliche Dinge. Ich habe dich nicht gewarnt. Wer bist du denn?"

Das thut nichts zur Sache, wer ich bin. Ich stehe so vor dir, wie ich bin. Warum ich hier bin, weiss ich nicht. Aber das weiss ich, dass ich hier sein muss, und nach bestem Wissen und Gewissen dir Red' und Antwort stehen muss. Ich weiss ebensowenig, wer du bist, als du, wer ich bin.

"Hm, das klingt sehr merkwürdig. Bist du

etwa ein Heiliger? ein Philosoph wohl
kaum, denn die gelehrte Sprache liegt dir nicht.
Ihrem Heiligen? Das wohl eher; deine Ernsthaftigkeit riecht nach Fanatismus. Du hast
eine ethische Atmosphäre und du bist von
einer Einfachheit, die an trockenes Brod und
Wasser erinnert."

Ich kann nicht ja und nicht nein
sagen. Ich kann nur sagen, du sprichst
befangen im Geiste deiner Zeit. Dir fehlen,
wie mir scheint, die Vergleiche.

"Bist du etwa auch bei den Juden
in die Schule gegangen? Du antwortest geschickt
wie ein Sophist. Wie kommst du denn
dazu, mich mit dem Maassstab der christlichen
Religion zu messen, wenn du kein Heiliger
bist?"

Mir scheint, als ob dies doch ein Maassstab wäre, den man anwenden kann, auch
wenn man kein Heiliger im Sinne der christlichen
~~Religion ist~~ Anschauung ist. Ich glaube erfahren
zu haben, dass Keiner sich wegstrahlt, um die

Mysterien der christlichen Religion herumdrücken
kann. Ich wiederhole, den wer immer sein
Herz nicht mit dem Herrn Jesus Christus gebrochen
hat, einen Hirten in~~~~ sich herumschleppt,
der ihn vom Besten zurückläßt.

Der Rothe erglüht wieder und sagt ärgerlich;
„Wieder die alte Tour? Wozu das, wenn du
kein christlicher Heiliger bist? Bist du
nicht doch ein aufgeklärter Sophist?"

Du bist befangen in deiner Welt. Aber
du kannst dir doch denken, dass es möglich wäre,
den Werthe des Christenthums richtig einzuschätzen
ohne gerade ein Heiliger zu sein wäre.

„Bist du ein Doctor der Theologie,
der sich das Christenthum von Aussen besieht
und historisch würdigt? Also doch ein Sophist?

Du bist hartnäckig. Was ich meine,
ist, dass es nicht alleiner Zufall sei, dass alle
Welt christlich geworden ist, sondern dass
eine der grossen Aufgaben der Menschheit,
sage wir genauer — der abendländischen Mensch-

heilt gewesen sei, Christum im Herzen zu
tragen und an seinem Leiden, Sterben und Auf-
erstehen emporzuwachsen.

„Nun, es giebt doch auch Juden,
die rechte Leute sind und doch deines ge-
lobten Evangeliums nicht bedürften.“

Du bist, glaub ich, kein guter
Menschenkenner, trotzdem du rund die Welt
besser wie ich zu kennen scheinst. Hast du
nie bemerkt, dass dem Juden etwas fehlt,
dem Einen am Kopf, dem Andern am Herzen,
und dass er es selber fühlt, dass ihm etwas
fehlt.

„Ich bin zwar kein Jude, aber ich
muss den Juden doch in Schutz nehmen. Du
scheinst ein Judenhasser zu sein.“

Damit sprichst du gedankenlos
allen jenen Juden nach, welche eine gerechte
Beurtheilung immer des Judenhasses bezüchtigen,
weil sie die ungewissen Mangel in Gegenwart
des Christen nur judenhaft fühlen, so weit

zu sich mit unverständiger Empfindlichkeit
gegen diese Thatsache. Glaubst du, all
das Ringen und alle die Blutopfer seien
spurlos an der Seele der Christen vorbeigegangen?
und glaubst du, dass einer, der diesen Kampf
nicht innerlichst miterlebte, dochseiner Früchte
theilhaft werde? Niemand kann sich über
eine seelische Entwicklung so vielerJahrhunderte
hinwegsetzen und dann ernten, wo er nicht
gesäet hat.

Der Rothe ist etwas fahler geworden.
„Du hast Argumente, die sich hören
lassen. Aber deine Ernsthaftigkeit! Du
könntest es bequemer haben. Wenn Du kein
Heiliger bist, so sehe ich wirklich nicht ein,
warum du so ernsthaft sein musst. Du ver —
dirbst dir ja den Spass vollständig. Was, zum
Teufel, steckt dir denn im Kopf? Nur das
Christenthum mit seiner jammervollen Welt-
flucht kann die Leute so schwerfällig machen."
Ich denke, es gäbe nochandere
Dinge, welche den Ernst predigen.

„Ach, ich weiß schon, du meinst das Leben. Diese Phrase kenne ich. Ich lebe auch und lass mir kein graues Haar darüber wachsen. Das Leben erfordert keine Ernsthaftigkeit, im Gegentheil, man tanzt sich besser durch's Leben."

Ich kenne das Tanzen — ja, wenn es mit dem Tanzen gethan wäre! Das Tanzen gehört zur Brunstzeit. Ich weiß, dass es Menschen giebt, welche nur eine Brunstzeit haben und solche, welche auch ihrem Gotte tanzen wollen; die einen sind lächerliche Jubelgreise und greisinnen, die andern posieren mit Antike, anstatt dass sie den Mangel an religiöser Ausdrucksmöglichkeit ehrlich zugeben.

„Hier — mein Lieber — lege ich eine Maske ab. Jetzt werde ich etwas ernsthafter denn das betrifft mein Gebiet. Es wäre denkbar, dass es noch ein drittes gäbe, wofür das Tanzen Symbol wäre."

Das Rothe des Rittersverwandelt sich
in ein zarteres Röthlich – Fleischfarben. Aus
meinem grünen ... Blätter.
Der Rothe sieht mir eigentlich sehr ähnlich.

Es giebt vielleicht auch eine Freude vor
Gott, die man Tanzen nennen könnte,
Aber die Freude fand ich auch nicht. Ich
halte Ausschau nach den kommenden Dingen.
Aber Es kamen Dinge, aber darunter war
die Freude nicht.

„Erkennst Du mich nicht, mein
Bruder? ich bin die Freude."

Du solltest die Freude sein? Ich
sehe dich, wie durch einen Nebel. Dein Bild
schwindet mir. Lass mich deine Hand fassen,
Geliebte — wo bist du? wo bist du?

Ich bin allein in Thüringen.
Der Regen schlägt an die Fenster, eine kalte
stürmische Nacht ist draussen. Auf meinem
Tische wandert eine kleine röthliche Flamme

wie ein Irrlicht hin und her. Doch ihr
Schein ist warm. Ein lieser Rosenduft erfüllt das Zimmer. Es geht gen Mitternacht.

Du Freude? Wer er die Freude? Hilf Gott,
was soll werden?

———————————

28 XII 13.

Wohin strecke ich meine Hand?
Was soll ich ergreifen? Auf welches Ziel
richte ich meinen Blick? Die unendliche
Fülle ist so gut wie das unendliche Nichts.
Nicht fordernd, sondern betend, auch
nicht bittend tritt an die Schwelle des
Gesichts. Nimm dankbar und gläubig,
fragend, warum? urtheile nie über das,
was auf deine Hand gelegt wird. Es
mag dir scheinen, als ob es Steine wären
Aber auch aus Steinen kann Brot werden.
Harre geduldig auf das Wort, das deine
Seele spricht.

Sie spricht:

„Ich bin da. Wo warest du?"

Ich habe Gesichte gesehen von merkwürdiger Art.

„Haben sie deinen Hunger gestillt?"

Ich habe sie in mich getrunken wie ein Verdurstender. Ich habe sie aufgenommen mit jenem Maasse an Glauben und Hoffnung, das ich aufzubringen vermag. Du weisst, wie wenig das ist. Aber ich könnte nicht sagen, dass mein Hungern und Dürsten gestillt wäre. Du weisst, wie sehr ich mich nach dem sehne, was wir Gewissheiten nennen. Aber diese Gesichte sind von dunklerer zweifelsvoller Natur. Ich vermag nicht klar zu sehen, was sie sagen wollen.

„Du wirst mehr sehen — Dinge von grösserer Klarheit."

Ich hoffe in Dankbarkeit.

Ein schwarzes, im Wasser stehend — ein
dunkles sumpfiges Wasser. Die Mauern ziemlich feucht — Ein Wald darum — alles ungeheuer einsam und verlassen. Es ist Abend.
Ich bin ein Wanderer, der, wie es scheint, in der Irregehend, durch den Wald an dieses Schloss gelangt. Eine alte Holzbrücke führt über den Teich — das Thor ist geschlossen. Ich klopfe mit dem Thürklopfer, denn es schien mir als ob an einem Fenster ein ~~wo~~ Licht wäre.
— Schwarte — es regnet, und es wird Nacht. Schwarte und klopfe noch einmal. Jetzt höre ich Schritte — jemand öffnet — ein Mensch wie ein Diener mit grobem Gesicht in mittelalterlicher Tracht öffnet und fragt nach meinem Begehr — ich möchte eine Unterkunft für die Nacht. Der Diener lässt mich eintreten — ein niederer dunkler Vorraum, schwarzeichene Möbel.

Ich werde eine alte Treppe emporgeführt.
Oben ein höherer und weiterer Gang mit
weissgetünchten Wänden — daran einige
Truhen und Hirschgeweihe. Ich werde in
eine Art Empfangszimmer geführt. Es
ist ein einfacher Raum mit einfachen
Polstermöbeln — das unbestimmte matte Licht
einer Ampel erhellt dürftig das Zimmer.
Der Diener klopft an einer Lautenthüre und
öffnet sie dann leise — es ist ich thue noch
einen Blick hinein — das Arbeitszimmer
eines Gelehrten — Büchergestelle an allen drei
Wänden — ein grosser Schreibtisch, an dem
ein Alter sitzt in langem schwarzen Talar.
Er ist mit Lesen und Schreiben beschäftigt.
Er winkt mir hereinzukommen. Ich trete
ein. Die Luften Zimmer ist ahnen und
der Alte macht einen sorgenvollen Eindruck.
Er ist nicht ohne Würde aber von jenem be—
schütten—ängstlichen Ausdruck eines gelehrten

Menschen, der von der Fülle des Erfahr-
und Wissbaren längst zu Nichts zerdrückt ist
schwenke: ein wahrhaft Gelehrter, der zu
großer Bescheidenheit vor der Unermesslichkeit
des Wissens gelernt ~~hat~~ und sich ohne Rest
dem Stoff der Wissenschaft dahingegebenheit,
ängstlich-gerecht abwägend, wie wenn
er selber in Person den Process des wissen-
schaftlichen Erkenntens verantwortlich
darzustellen hätte.

Er begrüsst mich ängstlich-unruhig
etwas ~~an~~ abwehrend. Ich wundere mich
nicht, ~~sondern~~ denn ich ~~bin ein~~ schaue ein ganz
gewöhnlicher Mensch. Er kann seinen
Blick nur mühsam von seiner Arbeit weg-
wenden und ~~fragte~~ fragt mich wie ~~ab~~wesend nach
meinem Begehr. Ich wiederhole meine Bitte
~~für~~ um eine Unterkunft für die Nacht, um
einen Platz, wo ich mich schlafen legen könnte.
„So, du willst schlafen? Schlafe morgen
ruhig."

Ich merke, er ist abwesend und bitte

Ihm, dem Diener es mitzutheilen, damit er mir ein Kammer anweise.

„Du verlangst viel — wart — ich kann mich nicht gerade losmachen."

Er versinkt wieder in sein Buch. Ich warte geduldig. Nach einer Weile blickt er erstaunt auf: „Was willst du hier? Oh — verzeih — ich vergass ganz, dass du hier ~~bis~~ wartest. Ich werde gleich den Diener rufen. Der Diener kommt und führt mich auf den gleichen Stock in eine kleine Kammer mit nackten Wänden und einem grossen Bett mit blauem Überzug. ~~Dann~~ Er wünscht mir gute Nacht und schliesst die Thüre.

Ich kleide mich aus und lege mich zu Bett, nachdem ich das Licht, ein mir ungewohntes Talglicht gelöscht habe mit einem spitzen kupfernen Hütchen, das bei der Herze liegt. Die Leinwand ist ungewohntrauh — das Kopfkissen hart.

Mein Irrweg hat mich an einen seltsamen Ort geführt — ein kleines altes Schloss

seinen geliebter Besitzer hier offenbar seinen
Lebensabend allein mit seinen Büchern ver-
bringt — sonst scheinen keine lebenden
Wesen im Hause zu sein — außer dem Diener
deren Thorhäuschen wohnt — ein ödes
aber schreckeinsames Dasein, dieses Leben
veralten Mannes mit seinen Büchern — denke
ich — Der Gedanke, dass der Alte eine schöne
junge Tochter hier verborgen hat, läßt mich
nicht los — abgeschmackte Romanidee — ein
fades undurchschöpftes Sujet — aber das
Romantische steckt einem doch in allen Gliedern
— eine richtige romanhafte Idee — ein
schloss in Wald — einsam — ein in seinen
Büchern versteinerter Greis, der ein kostbaren
schatz hütet und aller Welt neidisch verbirgt
etwas für Sächsische Gutenkommen mich
an — ihr es Hölle oder Purgatorium, dass ich
auf meinen nächtlichen Irrfahrten auch
solche kindischen Phantasieen aushecken mu
aber ich fühle mich unfähig, meine Gedanken

zu irgend etwas Höherm oder Schönern zu er—
heben — ich muss diese Phantasien wohlge-
währen lassen — was hülfe es, sie wegzudrängen,
sie kommen wieder — besser diesen schalen
Trank hinunterschlucken als im Mund be-
halten.

Wie sieht sie denn aus — die
langweilige Romanheldin? — Gewiss
blond — blass — wasserblaue Augen — sehn-
süchtig in jedem verirrten Wanderer
den Retter aus dem väterlichen Gefängnis hoffend.
— ach, ich kenne dien abgedroschenen
Unsinn — ich will lieber schlafen — warum,
zum Teufel, muss ich mich mit solchen
leeren Phantasien plagen?

Der Schlaf kommt nicht. Ich
wälze mich hin und her. Aber kein Schlaf kommt
Habe ich eine unerlöste Seele in mir? Und
lässt sie mich nicht schlafen? Habe ich
eine romanhafte Seele? Es ist geradezu
lächerlich. Nimmt denn dieser schalste
aller Tränke gar kein Ende? Es muss schon

Mitternachtsein — und noch kein Schlaf.
Was in aller Welt lässt mich denn nicht schlafen?
Ist etwas an diesem Zimmer? Ist mein Bett
behext? — Es ist grausam, wozu die
Schlaflosigkeit einen Menschen treiben kann —
sogar zu den ungereimtesten und abergläubisch-
sten mittelalterlichen Theorieen! — Es
scheint kühl zu sein, ich friere — vielleicht
schlafe ich deshalb nicht. — — — Eigentlich
ist es hier unheimlich — wenn der Stunde,
was hier vorgeht — waren das nicht ein paar
Schritte soeben? Nein, das muss drinnen
auf dem Gang gewesen sein. Ich lege mich
auf die andere Seite, schliesse fest die Augen —
ich muss schlafen — — ging da nicht eben
die Thüre? — Mein Gott, da steht Jemand?
Seh ich deutlich? Ein schlankes Mädchen,
blass wie der Tod steht an der Thür? Ich
kann nicht sprechen vor Schreck und Erstaunen. Sie kommt näher —
  »Kommst du endlich?«

fragte sie –

Unmöglich, daß ich ein grosses Ver-
gehen, der Roman soll wirklich werden – Zu
welchem Darin bin ich verdammt? Enthält
meine Seele solche längst überwundenen
Romanherrlichkeiten? Muss das auch
das an mich kommen? Ich bin wahrhaftig
in der Hölle – abbrennstes Erwachen nach
dem Tode, wenn man in einer Leihbibliothek
zu erwacht! Habe ich die Menschen meiner
Zeit und ihren Geschmack so verachtet,
das ich in der Hölle die Romane
erleben und nachschreiben muss, welche
mir schon im 15ten Lebensjahr zum Greuel
geworden sind? Hat der untere Hälfte
der Durchschnittgeschmackes der Menschen
auch eine Heiligkeit und Unverletzlichkeit
Anspruch, sodass wir kein übles Wort darüber
sagen dürfen, ohne die Sünde schwer
büssen zu müssen?

„Ach denkst auch der keiner
von mir? Auch du lernst Arbeit hören

von dem unglückseligen Wahn, dass ich in
einer Romangehöre?* Auch du, von dem
ich hoffte, er habe dünkhein von mir geworfen und erfasse das Wesen der Dinge?

Verzeih — aber bist du denn wirklich? Es ist eine zu unglückliche Ähnlich-
keit mit jenen Romanscenen, die bis zur
Albernheit ausgedroschen sind, als dass ich
annehmen könnte, du seiest nicht bloss eine
Ausgeburt meines schlaflosen Gehirns. Mein
Zweifel ist doch wahrhaft berechtigt, wenn
eine Situation in solchem Maasse mit
dem Typus aller sentimentalen Ritterromane
schlimmster Sorte übereinstimmt?

„Unseliger, wie kannst du an
meiner Wirklichkeit zweifeln?"

Sie fällt zu Füssen meines Bettes
auf die Kniee und birgt ihr Gesicht
in den Händen.

Mein Gott, ist sie am Ende doch wirklich
und thue ich ihr Unrecht? Mein Mitleid wird
wach.

Aber nun, Himmelsritter, sage mir Eines:
Bist du wirklich? Muss ich Dich als Wirklichkeit ernst nehmen?

Sie weinte und antwortete nicht.
Ein tolles Abenteuer!

Wer bist du denn?

Ich bin die Tochter des Alten, er hält
mich hier in unerträglicher Gefangenschaft,
nicht aus Neid oder Hass, sondern aus Liebe,
denn ich bin sein einziges Kind und das
Ebenbild meiner frühverstorbenen Mutter.

Ich fasse mich an den Kopf: Ist das
nicht eine höllische Banalität? Wort für Wort
der Roman aus der Leihbibliothek! Oh ihr
Götter, wohin habt ihr mich geführt! Ich hoffte
diese Nacht im Walde werde mich einen Funken
des ewigen Lichtes schauen lassen und wohin
hat mich mein Beten und Hoffen geführt?
Erst zum Lachen, zum gellenden Hohnlachen.
Schöne Leidende, tragisch zerschmetterte
seid ihr geworden, ihr Grossen, aber zum

Affen ist keiner unter euch geworden. Die
Würde, dieses schönste Menschheitsgut, konntet
ihr wahren — auch in der Hölle. Das Banale
und arg-Lächerliche, das unsäglich Abge-
droschene ist euch nie als Himmelsgeschenk
in die betend-erhobenen Hände gehaft worden.
Ist das mein Theil?

Doch da liegt sie immer noch und
weint — aber wenn sie wirklich wäre? Dann
wäre sie doch bedauernswerth, jeder Mensch
hätte Mitgefühl mit ihr. Wenn sie ein an-
ständiges Mädchen ist — was uns erst er ge-
kostet haben, Nachts in die Kammer eines wild
fremden Menschen einzutreten! Was uns sie
gelitten haben, bis sie sich ihre schensaweit
überwand?

Mein liebes Kind, ich will dir
glauben. trotz Allem und Allem, dass Du
wirklich bist. Was kann ich für Dich thun?

„Endlich, endlich, ein Wort
aus menschlichen Munde;"
sie erhebt sich, ihr Gesicht strahlt

Sie ist schön wie ein Engel. Eine tiefe Rein-
heit ist in ihrem Blicke. Sie hat eine Seele,
schön und weltfern, eine Seele, die zum Leben
der Wirklichkeit kommen möchte, zu aller
erbarmungswürdigen Wirklichkeit, die die
Seelen verwüstet, beschmutzt, gemein — und
läutert, wiederum läutert. Oh, über diese
Schönheit der Seele! Wenn sie erbleichend
in das Bad des Schmutzes steigt und wenn
sie nachgänglichem Verlorensein wiederum
emportaucht ahnungslos durch die Däm-
merungen aufwärts zum Reich des ewigen
Lichtes — welches Schauspiel!

„Was du für mich thun kannst? Du
hast schon viel für mich gethan. Du sprachst
das erlösende Wort, als du das Banale
nicht mehr zwischen dich und mich stelltest.
Denn wisse, ich war durch das Banale gebannt."

Wehe mir, du wirst mir gar märchenhaft!

„Sei vernünftig, mein lieber Freund, und
stolpere mir nicht noch über das Märchenhafte.

denn das Märchen ist bloss die Abstraktion des
Romans, und viel allgemeingültiger als der
gelesenste Roman deiner Zeit. Und du weisst
doch, dass das, was seit Jahrtausenden in
aller Leute Munde ist, zwar schon das
Erkannteste ist, aber eben doch der grössten
menschlichen Wahrheit am nächsten kommt.
Also kann das Märchenhafte nicht zuwider
uns sein.[4]

Du bist klug und scheinst nicht
die Weisheit deines Vaters geerbt zu haben.
Aber was denkst du von den göttlichen,
den sogenannten äussersten Wahrheiten? Es
käme mir sehr sonderbar vor, sie in der Bauern-
tat zu suchen. Ihrer Natur nach müssen sie
ausserordentlich sein. Denke nur
an unsere grossen Philosophen!

Je ungewöhnlicher die äussersten Wahrheiten sind, desto unmenschlicher müssen sie auch
sein, und desto weniger werden sie dir irgend
etwas Wertvolles oder Sinnreiches über den Mensch-

Wesen und Sinn sagen. Nur was menschlich
ist und was du als banal und abgedroschen
verstimpfst, das enthält die Weisheit, die du
suchst. Das ~~banal~~ Romanhafte und ~~sagen~~
erst recht das Märchenhafte spricht nicht
gegen ~~was~~ sondern für mich und beweist, wie
allgemeingültig menschlich ich bin und wie
sehr ich der Erlösung nicht nur bedarf,
sondern sie auch verdiene. Denn ich kann
in der Welt der Wirklichkeit so gut oder
vielleicht besser als viele Andere meines
Geschlechts.

Merkwürdiges Mädchen du bist verwirrt.
Als ich deinen Vater sah, hoffte ich, er werde mich
zu einem gelehrten Gespräch einladen. Er that
es nicht und das war ihm gram drum, denn ich
fühlte mich etwas in meiner Würde gekränkt
durch seine zerstreute Nachlässigkeit. Bei
dir aber fand ich weit Besseres. Du giebst mir
Stoff zum Denken. Du bist ungewöhnlich.

„Du irrst dich, ich bin ungewöhnlich!“
Das kann ich nicht glauben. Wie schön

und verehrungswürdig ist der Ausdruck aus deinen deine Seele
Augen. Glücklich und beneidenswerth der
Mann, der Dich freien wird.

„Liebst du mich?"

Bei Gott, ich liebe Dich — aber
— hm, lieber bin ich nicht verheirathet.

„Also siehst du, deine banale Wirklichkeit ist sogar ein Erlöser."

„Ich danke dir, lieber Freund,
und bestell' dir einen Gruss von Salome."

Mit diesen Worten zerfließt ihre
Gestalt in der Dunkelheit. Mattes Mond-
licht dringt ins Zimmer. Auf der Stelle
wo sie stand, scheint etwas Dunkles
zu liegen. Ich springe auf — es ist eine
Fülle dunkelrother Rosen. Ich presse sie
thränenden Auges an meine Lippen.

29.XII.73.

Man hat wohl an Andern nichts
zu bessern. Es selber thun bis in die kleinsten

Dinge, es scheint von Nöthen zu sein. Es soll nicht mehr heissen „Du sollst" oder „Er sollt"?, sondern „Ich soll", wenn einer nicht schon vorher dazu gekommen ist, zu sagen „Ich will".

———————

Welche Last und Gefahr ist die Eitelkeit! Es giebt nichts, woraufman nicht auch eitel sein könnte. Es giebt nichts schwereres als die Grenzen der Eitelkeit abzustecken. Ein Schaffender hüte sich vor Allem vor dem Erfolge, obschon er seiner bedarf.

———————

Es ist Abend — eine schnee-bedeckte Landschaft. Ich wandere wieder. Zu mir hat sich noch Einer gesellt, der nicht vertrauenswürdig aussieht. Vor Allem, er hat nur ein Auge und sonst noch ein paar Narben im Gesicht. Er ist ärmlich und schmutzig gekleidet — ein Vagant. Er hat einen schwarzen Stoppelbart, der seit Wochen kein Schermesser gesehen. Es hat den Kragen verkältet wegen hoch-

gekürzt und um die Nase ist etwas röthlich.
Ich habe einen guten Stock für alle Fälle.

„Es ist verdammt kalt", meint er nach einer Weile.
Ich stimme zu. Nach längerer Pause: „Wohin
geht Ihr?"

Ich gehe noch bis zum nächsten Dorf,
wo ich in der Herberge zu übernachten gedenke.

„Das möchte ich euch thun. Aber
zu einem Bett wird's kaum langen."

Fehlt's an Geld? Nun wir wollen
sehen. Haben Sie keine Arbeit?

„Ja, die thäten mir schlecht. Ich
war bis vor ein paar Tagen bei einem Schlosser
in Arbeit. Dann hatte er keine Arbeit mehr.
Jetzt bin ich auf der Walz und suche etwas zu
verdienen."

Wollen Sie nicht bei einem Bauern
Arbeit nehmen? Auf dem Lande fehlt es immer an Arbeitskräften.

Die Arbeit bei den Bauern passt mir
nicht. Da musst am Morgen früh aufstehen, die
Arbeit ist schwer und der Lohn gering."

Aber auf dem Land ist's doch immer weit schöner als in einer Stadt.

„Auf dem Land ist's langweilig. Man nicht niemand."

Nun es gibt ja auch Leut auf dem Dorf.

„Man hat aber keine geistige Anregung. Die Bauern sind wie Klötze."

Ich schau ihn erstaunt an: Wer, der will auch noch geistige Anregung? Der soll doch lieber seinen Unterhalt redlich verdienen, und wann er das getan hat, dann mag er auch an die „geistige Anregung" denken.

Ja aber was haben Sie denn in der Stadt für geistige Anregung?

„Man kann Abends in das Cinéma gehen. Das ist großartig interessant und billig. Man sieht dort, was in der Welt vorgeht.

Ich wundert wollte denken, dass gibt es wohl auch Kinematographen für diejenigen, die dieses Institut auf Erden verachten und nicht hineingiengen, weil Alle —

Andern den Geschmack draufsanden. Soll auch
der Kinematograph eine allgemein-gültige Wahrheit
sein? Oh Salome!

Was hat Sie denn am Kinematograph am
meisten interessiert?

„Man sieht allerlei schöne Künste.
Da war Einer, der lief an den Häusern hinauf.
Einer trug den eignen Kopf unter dem Arm.
Einer stand sogar mitten im Feuer drin und wurde
nicht verbrannt. Ja, das ist schon merkwürdig
was die Leut' alles können.“

Und das nennt der Mensch geistige Anregung?
Doch halt, das sieht so schwerwürdig aus: Trugen
nicht Felix und Regula auch ihre Köpfe unterm
Arm? Ist nicht der heilige Franz, auch der
hl. Ignaz von Loyola vom Boden emporge —
flogen und die 3 Männer im Feuerofen?
Ist es nicht eine gotteslästerliche Idee die Acta
sanctorum als ein historisches Kinema zu betrachten? Die Wunder von heutzutage sind
etwas weniger mystisch als technisch. Ich
betrachte meinen Begleiter mit Rührung. Der
lebt Weltgeschichte, denke ich.

Guerin, das ist sehr gut gemacht.
Haben Sie sonst noch was Interessantes gesehen?

„Ja, ich sah, wie der König von Spanien
ermordet wurde."

Ja, aber der wurde doch gar nicht ermordet.

„Nun, das macht nichts, dann wär's
ein Anderer von diesen verfluchten Kapitali-
stenkönigen — oder -kaisern. Einen hat's
wenigstens genommen. Wenn's nur Alle
nähme, damit das Volk frei würde."
Ich wage nichts mehr zu sagen: Wilhelm Tell,
ein Werk von Friedrich von Schiller. Der Mann
steht ja mitten im Strom heroischer Geschichte, Einer
der die Kunde vom Tyrannenmord neuen Völkern
verkündet.

Unter diesen Gesprächen langen wir an
der Herberge an — eine Bauernwirtschaft.
Eine halbwegs saubere Stube mit einem
hässlichen eisernen Ofen — ein Schänktisch
resp. Buffet mit Bierpressionshahn steht
störend und ungehörig da. Einige Männer

sitzen bei seinem Bier in einer Ecke und
spielen Karten. Schwerk als „Herr" erkannt
und in bessere Ecke geleitet, wo ein gewürfelter
Trichein Tischende bedeckt. Der Andere setzt
sich unter an den Tisch, und ich beschließe,
ihm ein rechtes Nachtessen aufwarten zu lassen.
Er sieht mich schon erwartungsvoll und
hungrig an — mit seinem einen Auge.

        Wo haben Sie denn Ihr Auge verloren?

    „Bei einer Prügelei", ich habe eben den
Andern noch schön gestochen. Er hat's Messer
nachher gekriegt. Mir haben sie 6 auf-
gebrummt. Es war aber schön im Zuchthaus.
Es wurde alles ein ganz neues Gebäude.
Ich habe in der Schlosserei und in der Schmiede
gearbeitet. Man hatte nicht zuviel zu thun
und Sach recht zu essen. Das Zuchthaus
ist gar nicht so schlimm."

Ich schaue um mich, um mich zu vergewissern,
daß auch Niemand zuhört, wie ich mich mit einem
ehemaligen Zuchthäusler unterhalte. Es scheint
es aber Niemand bemerkt zu haben. Ich scheine da

in eine andere Gesellschaft gerathen sein. Giebt es in der Hölle auch Zuchthäuser für die, die noch nie drin waren? Übrigens, muss es nicht ein eigenartig schönes Gefühl sein, einmal so ganz unten auf dem Boden der Realität angelangt zu sein, da wo es kein Hinunter, sondern höchstens noch ein Hinauf giebt? Wenn man die ganze Blöße der Wirklichkeit einmal vor sich hat?

Nachher war ich dann allein auf dem Pflaster, weil man mich der Heimat verwies. Lebte dann nach Frankreich gegangen. Ich verstand zwar am Anfang die Sprache lange nicht, aber es gieng doch. Und schön war's,

Was für Bedingungen stellt doch die Schönheit! Von den Menschen kann man was lernen.

Die Suppe kommt, ein dünnes heißes Gewässer, das ich kritisch herein löffle. Es vertieft sich mit Andachtsmiene und hat bald seinen enormen Suppentopf gänzlich geleert.

Warum haben sie denn das Krügelei gehabt?

"Es war wegen eines Mädchens. Sie hat von ihm ein Uneheliches gehabt, aber ich wollte sie heirathen. Sie war sonst recht. Nachher wollte sie dann nicht mehr. Ich habe nichts mehr von ihr gehört."

Wie alt sind Sie denn jetzt?

„35 werd' ich im Frühling. Übermurs
nur erst rechte Arbeit haben, dann wollen wir
schon hirathen. Ich krieg schon noch eine. Ich
hab' allerdings etwas auf der Lunge. Aber das
wird schon wieder besser werden."

Er bekam einen heftigen Hustenanfall.
Ich denke, das einst nicht gerade glänzende Aussichten
für eine Heirath und bewundere im Stillen den
unentwegten Optimismus dieses armen Teufels.

Nach dem Nachtessen gehe ich in einer
ärmlichen Kammer zu Bett. Ich höre, das
mein Kamerad nebenan sein Nachtlager bezieht.
Er hustet mehrere Male heftig und trocken.
Dann wird es still. Ich schlafe ein.

Plötzlich erwache ich an einem un-
heimlichen Stöhnen und Gurgeln mit halber-
stiktem Husten gemischt. Ich horche eine Weile
aufmerksam. Kein Zweifel, es ist mein Kamerad. Es tönt wie etwas Gefährliches. Ich stehe
auf und kleide mich nothdürftig an. Ich öffne
die Thüre seiner Kammer. Der Mond scheint voll
herein. Er liegt angekleidet auf seinem Strohsack,

Aus seinem Munde fließt ein dunkler Strom
Blutes und bildet eine grosse Lache am Boden.
Er stößt halberstickt und hustet eine Masse
Blutes aus. Er will sich erheben, sinkt aber
wieder zurück. Ich eile hinzu ihn zu stützen.
Aber ich sehe, dass allbereits der Tod Hand
an ihn gelegt hat. Er ist über und über mit
Blut besudelt. Meine Hände starren auch
von Blut. Ein letztes Wort ringt sich aus
seinem Munde: „Mutter". Dann löst sich alle
Starre, ein leises Zucken überfließt nochmals
seine Glieder. Und damit Alles tot und
ruhig.

Gott, wo bin ich? Giebt es in der Hölle
auch Todesfälle für die, die wir andern tot denken? Ich betrachte meine von Blut feuchten
Hände. Ich stehe da wie ein Mörder oder wie
ein Opferer. Ist er nicht mein Bruder, dessen
Blut an meinen Händen klebt? Der Mond
zeichnet schwarz meinen Schatten an die weisse
Kalkwand des Kämmerchens. Was thue ich hier?
Wozu dieses grausige Schauspiel? Ich schaue gegen
nach dem Mond als dem einzigen Zeugen dieser Scene.

Was geht es den Monden? Hat er nicht schon
Ärgeres geschaut? Hat er nicht hundert-
tausenden in die gebrochenen Augengeleuchtet.
Seinen Ringgebirgen von ewiger Dauer ist das
sicher einerlei — Einer mehr oder weniger. Der
Tod, deckt er nicht den furchtbaren Betrug des
Lebens auf? Darum ist es wohl dem Mond
auch ganz einerlei, ob und wie Einer von hinnen
fährt. Nur wir machen davon ein Aufhebens — mit
welchem Recht? Was hat einer da gethan?
Er hat gearbeitet, gelacht, getrunken, gegessen,
geschlafen, hat sein eines Auge für das
Weib dahingegeben und um ihret willen seine
bürgerliche Ehre verscherzt, ausserdem hat
er den Menschheitsmythus schlecht und recht
gelebt, die Wunderthäter bewundert, den
Tyrannenmord gelobt und von der Freiheit des
Volkes einklar geträumt. Und dann — dann
ist er kläglich gestorben — wie alle Andern.

       Das ist allgemein — gültig. Habe Dank meine
Seele, ich lebe mich auf den untersten Grundgesetzt
Hier giebt es kein weiteres Herunter, sondern nur ein
Hinauf.
       Welche Schatten über der Erde! Alle

Lichter Forscher in letzter Verzagtheit und Entsunkenheit. Der Tod ist eingezogen, und es ist keiner mehr da zum Wehklagen. Dieses ist eine letzte Wahrheit und kein Rätsel. Die äussersten menschlichen Wahrheiten sind keine Rätsel. Warum dachten wir doch, es seien Rätsel? Welche Täuschung konnte uns an Rätsel glauben machen?

Meine Seele, du bist furchtbar real. Du stellst mich mit hartem Ruck auf die spitzen Steine von Elend und Tod. Mir wird schaurig und elend — mein Blut — mein theures Lebensblut verrinnt zwischen diesen Steinen.

Ich trete aus einer Kammer des Schreckens und rette heimlich mein nacktes Leben.

Meine Seele, mir graut vor Dir!

Selig ist wohl ein Spieler des Lebens, der solche Worte hören muss.

Livro 2

12 de novembro – 29 de dezembro de 1913

[4]

Uma grande tarefa estava diante de mim – eu via seu tamanho gigantesco – e seu valor e sentido esquivavam-se de mim. Encontrei-me na escuridão e, tateando, segui minha trilha. Essa trilha levava para dentro e para baixo. [4/5]

12 de nov. 1913

[1]"Minha alma, onde estás? Tu me escutas? Eu falo e clamo a ti – estás aqui? Eu voltei, estou novamente aqui – eu sacudi de meus pés o pó de todos os países e vim a ti, estou contigo; após muitos anos de longa peregrinação voltei novamente a ti. Devo contar-te tudo o que vi, vivenciei, absorvi em mim? Ou não queres ouvir nada de todo aquele turbilhão da vida e do mundo? Mas uma coisa precisas saber: uma coisa eu aprendi: que a gente deve viver esta vida.

Esta vida é o caminho, o caminho de há muito procurado para o inconcebível, que nós chamamos divino.[2] Não existe outro caminho. todos os outros caminhos são trilhas enganosas. Eu encontrei o caminho certo, ele me conduziu a ti, à minha alma. Eu volto retemperado e purificado. Tu ainda me conheces? Quanto tempo durou a separação! Tudo ficou tão diferente! E como te encontrei? Maravilhosa foi minha viagem. Com que palavras devo descrever-te? Por que trilhas emaranhadas uma boa estrela me conduziu a ti? [5/6]

---

1 Quarta-feira, *Líber Prímus*, cap. 1, "O reencontro da alma", (*LN*. p. 116).

2 As aspas foram excluídas no *LN*. Essa afirmação ocorre várias vezes nos escritos posteriores de Jung, cf., p. ex., PRATT, J.A. "Notes on a Talk Given by C.G. Jung: 'Is Analytical Psychology a Religion?'" In: *Spríng: A Journal of Archetype and Culture*, 1972, p. 148.

Dá-me tua mão, minha quase esquecida alma. Que calor de alegria rever-te, minha alma muito tempo renegada! A vida reconduziu-me a ti. Vamos agradecer à vida o fato de eu ter vivido, todas as horas felizes e tristes, toda alegria e todo sofrimento.[3] Foram, todos eles, estações no caminho até ti.

Minh'alma, eu te reencontrei, pretendo ficar — não, ficarei contigo.[4] Minha viagem deve continuar contigo. Contigo desejo continuar a minha caminhada e escalar as minhas solidões, não mais sozinho como antigamente, nem cobiçoso e impaciente, mas de bom ânimo e em quieta alegria.[5]

14 de nov. 13.

[6]Estou cansado, minh'alma, e deito minha cabeça em teu ombro. Durou demais a minha caminhada, a minha procura por mim fora de mim. Agora, atravessei as coisas e te encontrei por trás da miscelânea. Em minha errância pela confusão,[7] porém, descobri [6/7] mundo e humanidade. Encontrei pessoas. E te encontrei, minh'alma, primeiro na imagem do ser humano e, depois, como realmente és. Encontrei-te onde acreditava estar mais distante de ti, onde o Deus me obrigou a me entregar cegamente e a me perder — lá, subiste de poços de ouro, e eu te reencontrei.[8] Havias-te anunciado com antecedência em sonhos, que me pareciam túrbidos e que compreendi de acordo com o meu jeito. Tu conheces esses sonhos,[9] como ardiam eles em minha alma e me impeliam à mais alta ousadia e coragem e me obrigaram a escalar os cumes mais íngremes, sim, a elevar-me acima de mim mesmo. Tu me fizeste enxergar verdades e desfrutar da sua solene felicidade,[10] das quais, até então, eu nada sabia. Tu me fizeste percorrer caminhos cuja distância teria assustado irreme-

---

3 Sexta-feira. A última cláusula e oração seguinte não foram reproduzidas no *LN*.

4 A oração anterior não foi reproduzida no *LN*.

5 A primeira e a segunda oração deste parágrafo não foram reproduzidas no *LN*. Mais tarde, Jung descreveu sua transformação pessoal nessa época como um exemplo do início da segunda metade da vida, que, frequentemente, demarcava um retorno para a alma, após os objetivos e as ambições da primeira metade da vida terem sido alcançados (*Símbolos da transformação*, OC 5, p. 15); cf. tb. "As etapas da vida humana", 1930, OC 8. Para um comentário sobre este registro, cf. *LN*, p. 128ss.

6 Sexta-feira, *LN*, cap. 2, "Alma e Deus", p. 119.

7 No *LN*, "através das coisas".

8 A oração anterior não foi reproduzida no *LN*.

9 Esta cláusula e as duas últimas cláusulas da oração anterior não foram reproduzidas no *LN*. Na cláusula seguinte, "minha alma" foi substituída por "meu coração".

10 A segunda metade desta cláusula não foi reproduzida no *LN*.

diavelmente a minha consciência se o conhecimento deles não tivesse estado abrigado em ti.

Talvez eu fale demais de mim mesmo? [7/8]

Perdoa-me, meu coração transborda, pois venho de longa caminhada.[11] Caminhei por onze[12] anos, por tanto tempo que esqueci que possuo uma alma que possa chamar de minha.[13] Eu pertencia às pessoas e ao mundo. Não pertencia a mim mesmo.

Onde estiveste todo esse tempo? Qual além te escondia e te oferecia um lugar onde não precisaste morrer de fome? Como estiveste?[14] Ah, precisas falar através de mim, para que eu e minha fala sejamos um símbolo para ti! Como decifrar-te desse modo? Quem és tu, criança?[15] Pois tu sabes que, em meus sonhos, tu te serviste dessa imagem, da imagem de uma menininha. (Somente através da alma da mulher encontrei-te novamente.) Que permaneça longe de mim qualquer interpretação infantil, pois devo venerar a imagem da qual tu te serviste. Como caberia a mim tentar interpretá-la? Que sei eu do teu mistério?

(Vê, eu trago uma ferida comigo, [8/9] que ainda não sarou − minha ambição de causar impressão. Fecha esta minha boca e guarda dentro de ti todas as minhas palavras. Elas se dirigem a ti. Não acredites que sou interesseiro. Farei tudo que me for possível para que as pessoas que eu amo tenham notícia das profundezas e das alturas que tu abarcas e que tu abrigas em tua mão infantil.)

Perdoa-me se eu falar como que num sonho, como um embriagado − és tu − Deus? Deus é uma criança? Uma criança mulher?[16] Preciso dizer a mim mesmo com clareza: Ele se serve da imagem de uma criança que habita a alma de todas as pessoas? Não foram também Hórus, Tages e Cristo crianças?[17] Também Dioniso e Hércules eram crianças divinas.[18] ~~Cr~~ O Deus humano, Cristo, não chama a si mesmo Filho do Homem? Qual foi seu pensamento mais íntimo ao chamar-se assim? Deve a Filha do homem ser o nome de Deus?

---

11 As duas últimas orações não foram reproduzidas no *LN*.

12 "muitos", no *LN*.

13 A última cláusula e as duas orações seguintes não foram reproduzidas no *LN*.

14 A oração anterior e a última cláusula da última oração não foram reproduzidas no *LN*.

15 O restante deste parágrafo e o próximo parágrafo não foram reproduzidos no *LN*, que os substitui por "Nada sei de teu mistério" (p. 119).

16 O restante deste parágrafo não foi reproduzido no *LN*.

17 Hórus, o filho de Ísis e Osíris, é o Deus egípcio do céu. Tages é uma deidade etrusca, representada como um menino com a sabedoria de um ancião.

18 Dioniso, o filho de Zeus e Sêmele, é o Deus grego do vinho. Héracles, o filho de Zeus e de Alcmena, uma mortal, é um herói grego.

Perdoa-me se minha fala for confusa. Ninguém [9/10] me ouve. Converso contigo em silêncio, e tu sabes t que não sou um bêbado e que meu coração se contorce em dores sob as agulhadas da ferida, dentro da qual a escuridão faz discursos de zombarias: "Tu encenas uma comédia para ti mesmo, mentes para ti mesmo, falas desse modo para enganar os outros e para levar os outros a acreditarem em ti. Queres ser profeta e buscas a tua ambição".

Feliz aquele que superou também suas próprias zombarias! Mas tu vês que minha ferida ainda sangra e que estou longe de ignorar minha própria zombaria. Eu, porém, a trago para diante de ti e de mim e a deixo ali e continuo a andar, pois sou compelido a falar-te de mim e falar de ti através de mim.[19]

Lembro-me sempre de novo daquelas "trilhas maravilhosamente tortuosas"[20] que me levaram até ti, minha criança.[21] (Quão estranho me soa chamar-te "criança", tu que seguras infinitudes em tua mão.) [10/11]

Penso naquela primeira visão que tu me deste no sonho em que te vi flutuar. (Não se passaram quatorze anos desde então?)[22] Quão densa era a escuridão naquele tempo. Quão impetuosa era a minha paixão, e quão egoísta, subjugado por todos os demônios da ambição, ganância, cobiça de fama, desamor e arrivismo, eu era naquele tempo! E como era <u>completamente ignorante</u> naquele tempo! A vida me puxou para fora, e conscientemente eu me afastei

---

19 A primeira oração, a primeira cláusula da segunda oração e a terceira oração não foram reproduzidas no *LN*.

20 Isso parece ser uma citação da tradução alemã das *Confissões*, de Agostinho, do penúltimo parágrafo do livro 6 (*o tortuosas vias!*): "Ó caminhos tortuosos! Ai da alma audaciosa que se afastou de Vós, na esperança de possuir algum bem melhor" (Petrópolis: Vozes, 28 ed., 2015 [trad. J.O. Santos e A.A. de Pina].

21 A oração precedente não foi reproduzida no *LN*.

22 A oração precedente não foi reproduzida no *LN*. Isso é, evidentemente, o sonho seguinte, anotado no diário da adolescência de Jung:

Na noite de 11 para 12 de setembro de 99, despertei repentinamente de um sonho. Parecia-me como se estivesse numa casa escura, onde todos os tipos de fantasmas misteriosos me olhavam. Eu despertei e descobri que estava acordado; abri meus olhos – totalmente desperto – e vi uma figura branca fracamente iluminada ao lado da minha cama. O fantasma se parecia com a figura de uma menina muito linda de mais ou menos dez anos de idade de estatura baixa. A figura flutuava, assim parecia, a mais ou menos um metro do chão. A criança tinha cabelos escuros e soltos, o rosto estava voltado para o alto e para o lado, de modo que não conseguia perceber sua fisionomia; um véu largo e amassado envolvia seu corpo de modo pendente. A figura mal permaneceu alguns segundos. Então, pareceu-me como se eu visse uma mulher velha de forma grande, então novamente, ao lado de uma estátua de mármore de um homem de idade mais avançada.

Naquela noite, meus nervos não estavam, de modo algum, excessivamente excitados. Não consigo imaginar nenhuma razão psicológica ou fisiológica.

Esta visão me apareceu novamente pela primeira vez depois de muito tempo (*JFA*, p. 28-29).

de ti, e tenho feito isso durante todos esses anos. Mesmo assim, pequena parte de mim permaneceu contigo até o amor pela mulher me arrancar completamente de ti — e para longe. Reconheço como isso foi bom. Mas pensei que estavas perdida ou, por vezes, parecia-me que eu estava perdido.[23] No entanto, nem tu nem eu estávamos perdidos. Eu andava pelo caminho empoeirado à luz do dia, e tu me acompanhaste invisível e me conduziste de degrau a degrau, acrescentando de maneira sensata peça a peça e me permitiste [11/12] enxergar em cada peça o todo e o último. E tu tiraste de mim aquilo ao qual eu pretendia me agarrar e me deste onde eu nada esperava, e sempre de novo provocaste destinos vindos de lados novos e desconhecidos. Onde eu semeava, tu me roubavas a colheita, e onde eu não semeava, tu me davas fruto cêntuplo. E, sempre de novo, eu perdia a trilha para reencontrá-la onde jamais a teria esperado. Tu guardaste minha fé quando eu estava só e à beira do desespero. Em todos os momentos decisivos, fizeste-me acreditar em mim mesmo.[24]

15 de nov. de 1913

[25]Minha criança, tu não és Deus, como poderias ser Deus? Tu és minha alma, e eu não devo — nem quero? — saber por que tu te chamas "criança" — e por que menina?

Eu me desespero — como conseguirei? <u>Como</u> expressarei <u>o quê</u>?

Minh'alma, pretendo continuar a minha narrativa, pois este parece ser o próximo passo. [12/13] (É preciso saber tomar os passos <u>seguintes</u> sem se importar com a galhofa que os diabos entoam sob o coração, aqueles murmuradores covardes e envenenadores de duas polegadas. Carrego o meu fardo, e sou — eu mesmo — meu fardo, e zombaria, e chicote, e tortura na cruz.) Ouve então, minh'alma: sem me importar com a galhofa dos meus próprios diabos, continuo falando a ti.

Volto ainda mais no tempo até o meu 19º ano de vida, quando um <u>sonho</u> trouxe a decisão na escolha da minha profissão: primeiro vi, numa mata densa em região apartada, uma água parada e escura, uma lagoa, e em seu centro nadava o mais estranho dos animais, comparável talvez a uma água-viva mul-

---

23 As orações precedentes deste parágrafo não foram reproduzidas no *LN*.

24 Para o comentário de Jung sobre este registro, cf. *LN*, p. 120ss.

25 Sexta-feira. Os quatro primeiros parágrafos e a primeira parte do quinto parágrafo não foram reproduzidos no *LN*.

ticolorida.[26] Esse animal despertou em mim a mais alta curiosidade, de modo que acordei com o coração palpitando. E logo em seguida tive um segundo sonho: eu estava numa floresta escura e lá encontrei um pequeno monte, semelhante a um balão de carvão.[27] Cutuquei-o com o pé e, para a minha maior surpresa, encontrei nele os ossos de animais pré-históricos, que, novamente, provocaram minha mais alta curiosidade. Esses sonhos me induziram [13/14] a estudar as ciências naturais, e estas me levaram à medicina.[28]

Por que devo dizer-te tudo isso, minh'alma? Por que me amarras a este livro e obrigas minha pena ao ritmo mais apressado, como se ele tivesse um longo caminho a percorrer e como se houvesse pressa para completá-lo? Por que tudo isso? Perdoa o barulho da zombaria que se levanta. Espero, finalmente, que não seja em vão e, para mim, agonia vazia. Vaidade, cobiça de fama nem qualquer outra ambição sem sentido conseguiram me convencer disso ~~daquilo~~.[29] Mas tu, minh'alma, pareces desejá-lo. Que tipo de coisas novas e curiosas me espera? Sei demais para não enxergar o balanço das pontes, as pontes bambas que atravesso. Mas eu te sigo, tu ordenas, eu sigo – para onde, para onde me levas? Perdoa meu receio abarrotado de conhecimento. Meu pé hesita em te seguir. Para quais neblinas e escuridões leva a tua trilha? Devo aprender também o <u>sentido</u>? Se tu [14/15] exigires, assim seja. Esta hora pertence a ti. O que existe se não existir sentido? Apenas <u>ilusão</u> e <u>loucura</u>, como me parece. Ou existe também um <u>sentido supremo</u>? Este é o <u>teu</u> sentido, minh'alma! Tu vês como eu manco miseravelmente tentando seguir-te com as muletas da razão. Perdoa-me, minha luz, eu sou um homem, e tu caminhas como um Deus.

Que tortura, devo voltar para mim mesmo, para as minhas coisas <u>menores</u>. Serei sensato e direi: eu tinha aprendido a ver outras coisas como grandes e a comparar com elas as coisas da minha alma e concluído que estas são pequenas,

---

26 No relato de Jung desse sonho, em *Memórias*, ele observou: "[Era] um radiolário gigantesco, de cerca de um metro de diâmetro. Pareceu-me extraordinário que essa criatura magnífica tivesse ficado incólume naquele lugar oculto, sob a água clara e profunda" (p. 99).

27 No relato de Jung desse sonho em *Memórias*, ele observou que a floresta se estendia ao longo do Rio Reno e que a pequena colina era, na verdade, um túmulo, e ele começou a cavar nele (p. 99).

28 Em *Memórias*, a ordem desses sonhos é invertida.

29 No *Líber Prímus*, cap. 3, "Sobre o serviço da alma", começa aqui com as linhas: "Na noite seguinte, tive de escrever, fiel a seu teor original, todos os sonhos de que me lembrava. O sentido desse procedimento era obscuro para mim. Por que tudo isso? Perdoa o barulho que se levanta em mim" (*LN*, p. 125). Isso parece se referir aos sonhos cruciais que Jung documentou neste registro, que ele não reproduziu no *LN*.

miseravelmente pequenas.[30] Tu me obrigas a vê-las como grandes, a fazê-las grandes. É essa a tua intenção? Eu sigo, mas estou <u>apavorado</u> − não foi tédio nem enfado, como pensava ~~antes~~ conciliatoriamente.[31]

Perdoa a dúvida incessante a esta hora, que tu escolheste como tua hora sagrada.[32] Perturbo tua paz divina,[33] mas ouve também minhas dúvidas, caso contrário não poderei seguir-te, pois teu sentido é um sentido supremo, e teus passos são os passos de um Deus. [15/16] ~~Nem mesmo~~

Não é nem mesmo a minha <u>língua</u> que a minha caneta ~~flui~~ fala. Ah, se eu soubesse o que queres! Mas eu nem devo pensar.[34] Até o <u>pensar</u>, na forma como o conheço, deve deixar de ser? Queres isso também? Devo colocar-me completamente em tua mão − mas quem és tu? Como vês, não confio − nem mesmo confio − em ti. É este o meu amor por ti, minha alegria em ti? É assim que se saúda um amigo?[35] Não confio eu em cada homem bom, em cada mulher honrada, e apenas não confio em ti, minh'alma?

Tua mão pesa sobre mim − mas eu quero, eu quero. Não tenho oferecido o melhor de mim para amar as pessoas e confiar nelas, e isso não deve valer primeiramente para ti, minha própria alma, ou melhor, a alma à qual pertenço?[36]

Sim, eu vejo como tu me guias, reconheço tua sábia educação. Tu me convences, e eu sigo. (Para onde? grita alguém dentro de mim. Cala-te, e permanece em silêncio, pois estou falando com a minha alma.)[37] [16/17]

Esquece, minh'alma, minha hesitação deplorável, minha dúvida inconstante e miserável.[38] Eu sei, é feio duvidar de ti. Sou apenas um ser humano, e tu sabes como é difícil para este ser humano abrir mão do orgulho mendicante de seu pensamento.

[39]Sem outras objeções, quero contar-te como, três anos atrás, encontrei uma mulher cuja alma me pareceu ser mais preciosa do que o meu medo do matri-

---

30 No lugar desta oração, *LN* diz: "Eu via como pequenas as coisas de minha alma, lamentavelmente pequenas".

31 A última metade desta oração não foi reproduzida no *LN*.

32 Esta oração não foi reproduzida no *LN*.

33 Esta cláusula não foi reproduzida no *LN*.

34 As duas linhas precedentes e o parágrafo precedente não foram reproduzidos no *LN*.

35 Esta oração não foi reproduzida no *LN*.

36 No *LN*, esta última cláusula foi substituída por: "não devo fazê-lo contigo?" (p. 125).

37 As orações precedentes deste parágrafo não foram reproduzidas no *LN*.

38 No *LN*, "minh'alma, minha hesitação deplorável, minha dúvida inconstante e miserável" foi substituído por "minha dúvida" (p. 125).

39 Os quatro parágrafos seguintes não foram reproduzidos no *LN*.

mônio.[40] Por amor a ela, venci o meu medo. Mas tu assim o quiseste e me deste o sonho que me trouxe a decisão: na época (foi pouco tempo após o Natal de 1912), sonhei que, juntamente com meus filhos, eu estava sentado no quarto maravilhosamente equipado de uma torre – que possuía colunas abertas – estávamos sentados a uma mesa redonda, cujo tampo era uma maravilhosa pedra verde-escura. De repente, entra voando uma gaivota ou uma pomba e pousa levemente na mesa. Pedi que as crianças permanecessem calmas para que não afugentassem o lindo pássaro branco. [17/18] Logo a ave se transformou numa criança de mais ou menos oito anos de idade, uma pequena menina loura, e, brincando, ela correu com meus filhos pelos maravilhosos corredores de colunas. Então, de repente, a criança voltou a se transformar em pomba ou gaivota. Ela me disse o seguinte: "<u>Apenas nas primeiras horas da noite posso transformar-me numa pessoa, enquanto o pombo estiver ocupado com os doze mortos</u>". Com essas palavras, o pássaro saiu voando, e eu acordei. Minha decisão estava tomada. Eu daria a essa mulher toda a minha fé e confiança.

Tu sabes, minh'alma, que <u>bênção</u> isso trouxe para mim, para a minha esposa e para a minha casa. Não tenho palavras para expressar a riqueza e a beleza que disso resultaram para mim. Não quero falar dos tormentos que tive que suportar justamente – todos eles foram mais do que compensados pela abundância de coisas belas [18/19] e sublimes que pude vivenciar.

Ainda hoje vejo aquele sonho diante de mim, e minha compreensão não basta para esgotá-lo. ~~Cada~~ Aquela fala da pomba – o que ela significa? As "primeiras horas da noite" parecem ser as tuas horas, minh'alma; mas quem é o pombo, quem são os doze mortos? E o que o pombo faz com os mortos?[41]

Para, é uma tortura este não entender insuportável, este ruminar do não compreendido, do mais subjetivo. De que adianta? Não discuto este sonho com meus amigos? Por que devo contar-te mais uma vez?

Perdoa-me, esqueço que tu também fazes parte dos meus amigos[42] e tens o primeiro direito a esse sonho, à minha confiança. Aquilo que dou a eles não deve pertencer a ti? Reconheço minha injustiça. Parece-me que eu te desprezo. Reconheço com dores quão pouco eu te amava.[43] Minha alegria ao rever-te não

---

40 Toni Wolff. Cf. a introdução, p. 26-28.
41 Para o entendimento subsequente de Jung desse sonho, cf. a introdução, p. 16-17.
42 O restante desta oração não foi reproduzido no *LN*.
43 A oração precedente não foi reproduzida no *LN*.

era justificada [19/20], pois era falsa. Entendo que também a galhofa dentro de mim estava certa — meu sentimento era falso, pois eu não te amava de verdade.[44] Portanto, <u>devo aprender a te amar</u>.

Aos poucos, tu me abres os olhos. Devo agradecer-te, minh'alma. Tua mão é dura, mas é justa.

Espero, ou melhor, começo a esperar redenção. Alguém está aqui do meu lado e sussurra coisas estranhas em meu ouvido: "Escreves para que tuas palavras sejam impressas e espalhadas entre as pessoas. Queres causar comoção através do inusitado. Nietzsche, porém, fez isso melhor do que tu. Tu macaqueias o Santo Agostinho".[45]

Ouves, minh'alma, esta maldita fala e vês minha impotência diante da minha própria arma ultrajada — Ai, devo abandonar também a <u>autocrítica</u> salutar e triplamente elogiada?[46]

"Este medo", dizes tu, "testemunha contra mim". — É verdade, ele testemunha contra ti e contra mim. Ele mata a confiança sagrada entre [20/21] ti e mim.[47] O que pode e deve me importar quando alguém diz algo assim, visto que não tenho em mim uma vaidade má que eu coloque, ~~mi~~ acima de ti, minh'alma, que me valha mais do que uma conversa contigo. Por que deveria eu esconder de ti também essa dúvida? Deixo a decisão ao teu critério. Se for bom e se for a tua vontade, que chegue às pessoas nesta ou em outra forma. Caso não seja a tua — a <u>nossa</u> — vontade, que permaneça oculto. Que sei eu? Vejo como estou sendo indizivelmente infantil, querendo correr à frente com avidez e agir descaradamente com um bem que eu não criei, que ainda não foi criado e que, acima de tudo, nem poderá ser criado se tu, minh'alma, não o conceder. Pois ainda hoje podes fechar os teus portões, e eu, um pobre mendigo, ficarei sentado diante das tuas portas.

---

44 Esta oração não foi reproduzida no *LN*.

45 Referência ao *Zaratustra*, de Nietzsche, e às *Confissões*, de Agostinho (400 d.C.), uma obra devocional escrita quando ele tinha 45 anos de idade e na qual ele narra sua conversão ao cristianismo em forma autobiográfica (*Confissões*. 28. ed. Petrópolis: Vozes, 2015). As *Confissões* se dirigem a Deus e relatam os anos de afastamento de Deus por Agostinho e a maneira de seu retorno. Ecoando isso, nestas seções de abertura, Jung se dirige à sua alma e relata os seus anos de afastamento dela e a maneira de seu retorno. Em suas obras publicadas, Jung citava Agostinho com frequência, e ele se referiu às *Confissões* várias vezes em *Transformações e símbolos da líbido*.

46 Os quatro parágrafos precedentes não foram reproduzidos no *LN*.

47 O restante deste registro não foi reproduzido no *LN*. Para o comentário de Jung, cf. *LN*, p. 126-127.

Esse pensamento, porém, me dilacera; tua flecha acertou bem. Permite-me colocar em tua mão essa dúvida. Tu saberás melhor do que eu o que deve acontecer com ela.

[21/22] Tu te calas, minh'alma? Não quero pressionar e aspirar à vaidade. Queres ir para o outro lado? Ah, em quais abismos do mistério mergulhas? Eu te sigo com meu olhar, e tu desapareces.

Tu falaste comigo, tu me fizeste bem, agora, te calas. Paciente, solto minha pena. O que me restaria fazer?

22 de nov. de 1913[48]

Minh'alma, é noite, eu te chamo.

---

48 Sábado, *Líber Primus*, cap. 3, "Sobre o serviço da alma" (*LN*, p. 125). Em 21 de novembro, Jung tinha feito uma apresentação à Sociedade Psicanalítica em Zurique sobre "Formulações referentes à psicologia do inconsciente". As atas relatam:

> Primeiro, houve uma curta explicação do conceito da libido. Fenômenos psicológicos são manifestações de uma energia. Na psicologia, chamamos essa energia libido, e ela pode ser comparada aproximadamente com a vontade de Schopenhauer, com o eros platônico, como élan vital ou semelhantes. A libido, que não implica qualquer significado sexual, não é um poder no sentido antigo, mas um pensamento imperceptível, um fator numérico, que não pode ser atribuído à realidade objetiva. O conceito da libido corresponde à percepção energética da conservação e transformação de somas de energia; no entanto, a transformação equivalente não *precisa* ser semelhante em caráter assim como, por exemplo, na antiga química tudo era relacionado ao mesmo Flogisto. É uma falácia semelhante falar da religião como sexualidade, porque manifestações sexuais são substituídas por manifestações religiosas.
>
> Existem estados diferentes de energia; primeiro devem ser contemplados cineticamente. O objeto é investido, e assim é criada uma influência condicionadora sobre o sujeito. Mas a energia investida emana do sujeito. Dessa forma, o mundo exterior obtém um valor emocional maior, como extroversão, que não é o mesmo que transferência. Depois disso, há a introversão, onde o subjetivo predomina. Extroversão e introversão podem ser condicionais, *e. g.*, no caso da extroversão condicional. O investimento de energia no mundo exterior é apenas temporário, *e. g.*, o sistema ideológico é sustentado pela realidade, mas o objetivo último é de natureza introvertida; tudo ocorre sub specie do sistema. – No caso da introversão condicional, a esfera exterior *domina*, pois o objetivo último é natureza extrovertida; é por isso que, por exemplo, o empirista só vai até a sua experiência permitir. – O estado desperto normal é de natureza extrovertida, mas pode ser uma introversão condicional a fim de se voltar para a natureza. O estado dormente é totalmente introvertido.
>
> Nem mesmo no caso de flutuações anormais, a interpretação energética não supõe vacilações absolutas. Onde não houver manifestação, será necessário supor um equivalente interior. No caso de dementia praecox [nota do editor: nome dado à época para a Esquizofrenia] o paciente ergue uma realidade por dentro; também no caso de melancolia, uma grande parte é ocupada com o equivalente interior. No caso do neurótico, o inconsciente está sempre ocupado com a criação de uma nova forma de adaptação; este pode também ser o caso para a melancolia.
>
> A extroversão e a introversão anormais. No primeiro caso, valência absoluta é concedida à realidade através de uma energia ocupadora que se perde ao sujeito. A ocupação do sujeito é praticamente zero. Disso segue uma imensa falta de equilíbrio. A libido entra no objeto, subjetiva e antropomorfiza o objeto. – A introversão anormal retira ocupação de energia do objeto. Visto que a função de realidade

Nenhuma resposta?

Onde estou? Quais portas devem ser abertas? "Olha primeiro para ~~oi~~ a sua própria profundeza", diz uma voz.[49] Atormenta-me, porém, a impaciência − não foi à toa que permaneci longe da minha alma por onze anos. E agora ela deve estar de prontidão para quando eu a chamar! Como ainda sou mimado!

Medo patético do destino − como se a vida ainda devesse se <u>ampliar</u> em esferas poderosas, [22/23] mas o caminho leva para a profundeza; meu cabelo se agrisalha. Não é que eu temesse a profundeza − ou será que a temo de verdade?

O que dizes? Tu sussurras em voz quase inaudível: "Olha para a tua profundeza!" Estou sentado à beira do profundo poço verde e tento, com paciência, ouvir a profundeza. Mais força! É terrivelmente difícil. Mais solidão, mais profundeza; é isso que se faz necessário. Isso não pode ser alcançado às pressas. Eu já deveria ter aprendido isso. "Reza à tua profundeza", ouço dentro de mim. "Desperta os mortos", a voz continua ~~em~~.[50]

Que ganância estranha e renitência me perturbam? Preciso reencontrar a paz.

Deus, o que queres? Ainda não posso. [23/24]

26 de nov. de 1913[51]

Em que mundo inferior estou? Está escuro e preto como a morte! Tudo engana.

---

contemporânea cessa, uma realidade anterior é ativada. Infantilismos ganham valor absoluto. Essa é a razão para o desejo da terra da infância; cf. Hölderlin.

No caso da histeria, os sintomas histéricos devem ser compreendidos como tentativas reativas do sistema nervoso. Eles se prestam para gerar compaixão, *e. g.*, a tosse de latido, a fim de preencher uma carência interior do paciente histérico. Ficar preso à cama por causa dos sintomas equivale a uma introversão compulsória, *i. e.*, uma reação biológica útil. É uma introversão condicional.

A dementia praecox, por sua vez, está vinculada à transferência condicional (extroversão). O negativismo leva à exclusão da influência condicionadora do mundo exterior, os sistemas delirantes servem para estabelecer uma conexão com a realidade.

A transferência é uma extroversão involuntária que ultrapassa todo limite. Se é arbitrário, ele pode levar a uma conquista cultural, pois excede intencionalmente a dúvida. Da mesma forma, a introversão é patológica apenas inicialmente, mas ela pode representar também uma imersão intencional em si mesma, a fim de afirmar a si mesma de toda forma. Na medida em que a introversão é anormal, *i. e.*, com a perda da função da realidade, ela é sempre regressiva, *i. e.*, com equivalentes históricos de realidade, movimento passivo da libido. Coisas infantis são as sementes primordiais.

A isso se seguiu uma discussão animada envolvendo Alphonse Maeder, Franz Riklin, von Muralt, Oskar Pfister e Hans Schmid.

49 No *LN*, essa declaração é atribuída ao espírito das profundezas (p. 127). O restante deste registro não foi reproduzido no *LN*.

50 Esses comentários foram reproduzidos no *LN* como parte da declaração do espírito das profundezas.

51 Quarta-feira. Este registro não foi reproduzido no *LN*.

"Não te deixes distrair daquilo que precisas fazer", diz a voz.

O que devo fazer? Continuar a te contar das minhas coisas interiores? Devo vencer o daimon do meu interior? É o dragão de cem cabeças?

Devo ordenar que se calem todas as vozes que pretendem me deter, que pretendem obstruir meu caminho com zombaria dolorosa. Caso contrário, não conseguirei atravessar. Esta é realmente a tua firme vontade, minh'alma? Não perguntar por quê? Para quê? Isso serve? Tem valor? Faze.

A despeito da refrega cansativa da dúvida, a montanha deve ser escalada, a despeito da convicção, da quase convicção da inutilidade do empreendido, a fé deve vencer — sem a menor, sem qualquer <u>prova</u> da correção e do valor do meu agir. [24/25] A minha caneta reluta — não importa. Ah, impotência do intelecto! A vida me obriga acima de qualquer crítica.

Tu, minh'alma, apenas tu sabes que não é hipócrita admiração própria, que não é arrogância que me impulsiona a falar-te de mim. Tu o desejas — não posso contrariar-te.

Volto, então, a falar-te das coisas das quais falei mais cedo — dos meus sonhos. (Cala-te, nojo.)

Meio ano ou mais antes de ter aquele <u>sonho</u> do pássaro branco, sonhei o seguinte:

Eu estava numa cidade meridional,[52] rua estreita ascendente com degraus estreitos. Eram doze horas — sol radiante. Um velho guarda aduaneiro austríaco ou algo semelhante passa por mim — perdido em pensamentos. Alguém diz: É alguém que não pode morrer. Apesar de ter morrido há uns 30 ou 40 anos, [25/26] ele ainda não conseguiu se decompor. Então vem uma figura curiosa, um cavaleiro de estatura poderosa, protegido por uma armadura amarelada. Ele parece ser firme e impenetrável, e nada o impressiona. Em suas costas, tem uma Cruz de Malta vermelha. Ele ainda existe desde o século XII e, todos os dias, percorre o mesmo caminho entre o meio-dia e uma hora da tarde. Ninguém se admira dessas duas aparições, mas eu me admiro sem medida.

---

52 Em *Memórias*, Jung observou que a cidade "me lembrava um certo bairro de Basileia, o Kohlenberg. [...] Era Basileia e, no entanto, era também uma rua italiana, talvez em Bérgamo" (p. 170-171).

Calo-me sobre as minhas habilidades interpretativas. O velho austríaco me fez pensar em <u>Freud</u>, o cavaleiro lembrou-me de mim mesmo.[53]

Algo chama dentro de mim. Tudo é vazio e nojo. Devo suportá-lo.

Depois tive este sonho, mais ou menos um ano e meio atrás:

Estou deitado em meu leito com minha esposa em um aposento aberto para cima (como as casas sem teto de Pompeia).[54] Minha esposa desperta com um susto [26/27] e escala rapidamente a parede e desaparece no alto. Ela veste uma longa camisa branca com figuras místicas, como bruxas ou hereges, que são queimadas. Naquele instante, um barulho forte na veneziana me acorda de verdade – como se pequenas pedras fossem lançadas contra ela; no quarto, algo vagueia estranhamente pelo chão – talvez um pássaro maior. Rapidamente, acendo a luz. Do lado de fora, a clara luz da lua, tudo está calmo. No quarto – nada. Olho para o relógio: 3 horas.

De manhã, às sete horas, um telegrama: Hedwig Sturzenegger faleceu <u>repentina</u> e <u>inesperadamente</u>.[55] Uma investigação posterior revela que ela tinha morrido às 3 horas da manhã.

---

53 Em 1925, ele ofereceu a seguinte interpretação desse sonho: "O significado do sonho está no princípio da figura ancestral: não o oficial austríaco – obviamente, ele representava a teoria freudiana – mas o outro, o cruzado, é uma figura arquetípica, um símbolo cristão vivo do século XII, um símbolo que não vive realmente hoje; mas, por outro lado, também não está totalmente morto. Ele vem da época de Mestre Eckhart, o tempo da cultura dos cavaleiros, quando muitas ideias floresceram, apenas para serem mortas depois, mas elas estão novamente voltando à vida agora. No entanto, quando tive este sonho, eu não conhecia esta interpretação" (*Seminários sobre Psicologia Analítica (1925)*, p. 79). Em *Memórias*, Jung comentou sobre esse sonho no contexto de sua relação com Freud (p. 169ss.). Ele acrescentou: "Desde minha juventude as histórias do Graal desempenharam um grande papel em minha imaginação. Li essas histórias pela primeira vez aos 15 anos e isso foi um acontecimento inesquecível, uma impressão que nunca mais desapareceu! Desconfiava que havia um mistério nessas histórias. Assim, pois, pareceu-me natural que o sonho evocasse de novo o mundo dos cavaleiros do Graal e sua busca; era esse o meu mundo, no mais íntimo sentido da palavra, sem relações com o de Freud. Tudo em mim buscava essa parte ainda ignorada, que pudesse dar sentido à banalidade da vida" (p. 171-172).

54 Jung visitou Pompeia no início de março de 1913, a caminho dos Estados Unidos, de navio. Pompeia deixou uma impressão forte em Jung, especialmente os afrescos na Vila dos Mistérios. Ele trouxe vários cartões-postais de lá. Em *Memórias*, ele se lembra de velejar de Gênova para Nápoles: "Estava no convés do navio quando contornávamos a costa na altura de Roma. Lá atrás ficava Roma! O centro ainda fumegante e ardente das velhas civilizações, encerrado nas raízes entrelaçadas da Idade Média cristã e ocidental. Lá jazia ainda a viva antiguidade em todo o seu esplendor e crueldade" (p. 286).

55 Hedwig Sturzenegger, nascida Bendel (1876-1912), era uma prima de primeiro grau de Emma Jung. Ela morreu de leucemia. Em *Memórias*, Jung escreveu: "Sonhei, então, que o leito de minha esposa era um fosso profundo com paredes malcimentadas. Era um túmulo que despertava lembranças da antiguidade. Ouvi nesse momento um profundo suspiro, como o de um agonizante. Uma forma que se assemelhava à de minha mulher ergueu-se da tumba e elevou-se nos ares. Trazia uma veste branca

Por que isso? Devo ser paciente. Meu Deus, como é difícil! Mas tu queres que eu vá, mesmo que esteja cego.

Em 3 de agosto de 1913, na viagem para a Inglaterra,[56] tive o sonho:

Estou sentado em frente a uma senhora idosa [27/28] e admiro a rapidez com que ela compreendeu a análise: de repente, aparece uma pequena mão infantil, vira minha cabeça, e eu vejo a pequena menina loura com alegria indizível, ela me beija, e eu acordo com lágrimas de comoção.

Esse sonho me deu grande segurança para o tempo em Londres (congresso).

Três semanas atrás, tive um longo sonho:

Idade Média: estou com camponeses que pretendem saquear um mosteiro. O mosteiro deve ser tomado ao cair da noite. Nós nos escondemos nas sombras dos muros. Mas o líder, um sujeito mau, fica com medo e se retira com seu bando. Eu fico.

Intermezzo fragmentário:

Minha sogra[57] trouxe de Munique um livro interessante, intitulado de: "A propagação do budismo na Inglaterra". O livro demonstra que mosteiros budistas se propagam perigosamente pela Inglaterra.[58] [28/29] Ele inclui ilustrações de mosteiros em forma medieval com muralha dupla e canhões. No livro, há textos traduzidos do sânscrito. Tio e tia Bendel (os maiores filisteus!) o leram.[59] Ela não entendeu uma expressão: "masturbationis causa" – o tio a explica para ela. O livro me interessa muito.

---

tecida de curiosos signos negros. Despertei, acordei também minha mulher e olhei o relógio. Eram três horas da manhã. O sonho era tão estranho que pensei imediatamente que podia anunciar um falecimento. Às sete horas chegou-nos a notícia de que uma prima de minha mulher falecera às três horas" (p. 300).

56 Jung fez duas palestras em Londres sobre "Psicanálise": na Psycho-Medical Society em 5 de agosto de 1913 e no 17º Congresso Internacional de Medicina de 6 a 12 de agosto (OC 4.)

57 Bertha Rauschenbach-Schenk (1856-1932) cultivava muitos interesses. Regularmente, era anfitriã de apresentações musicais e leituras poéticas. Ela possuía muitos livros técnicos e se interessava por astronomia. Ela discutia química, física e tecnologia com seus netos.

58 Havia uma obra com título semelhante de Heinrich Hackmann: *Buddhism as a Religion: Its Historical Development and Its Present Condition* (Londres: W.C. Probsthain, 1910).

59 O Professor Heinrich Bendel (1845-1931) e Anna Barbara Bendel-Rauschenbach (1853-1924) eram os pais de Hedwig Sturzenegger-Bendel. Bendel era especialista em línguas antigas na cidade de Sankt Gallen. Bendel-Rauschenberg era versada em música e literatura e trabalhava muito.

O mosteiro está destruído há muito tempo. Capim cresce sobre os destroços. Estou sentado num pátio, junto a um poço decaído. Do poço, nasce uma árvore tripartida com uma sombra verde maravilhosa. Olho para baixo e lembro os monges, e parece-me que eles também se sentaram assim neste lugar. Vejo no fundo do poço finas redes de arame – cada uma corresponde a um piso subterrâneo, por onde andaram os monges. Na rede superior há pequenas esferas vermelhas do tamanho de ervilhas, elas caem e ficam presas em determinadas redes. É assim que o monge que medita acima indica aos observadores no fundo que tipo de [29/30] pensamentos ele tem.

O mosteiro volta a existir, estou no passado. Um corredor enorme. Vejo irmãos leigos, homens fortes em trajes diferentes (pelos, roupas brancas com pregas, medievais e antiquadas). Então estou no refectorium, uma sala do tamanho de uma igreja com três grandes janelas em arco, estilo renascentista, colunas de mármore cinza, tudo grande, lindo e amplo. Longa mesa posta sob as janelas. No centro, à mesa, o abade, perdido em pensamentos, cabelo desgrenhado (associações: louco, Dioniso). Perto dele, uma pessoa com rosto feminino. Grupos coloridos de homens jovens com belos olhos espirituais.

Saio dali e, de repente, aparece um amigo de faculdade (um falastrão descontrolado, insignificante). Eu lhe pergunto: "Você ainda se lembra como, 90 anos atrás, nós estávamos no mosteiro de Eschenbach?[60] [30/31]

Era um mosteiro masculino ou feminino?" Ele diz com um sorriso sugestivo: "Naturalmente um mosteiro feminino".

Após despertar, pensei: um <u>mosteiro de pessoas</u>. Desde então, muitos novos pensamentos sobre novas formas de sociedade.

28 de nov. de 1913[61]

Com resistências internas, aproximo-me deste livro. Eu nego incessantemente o seu valor, mesmo assim, algo me obriga a mergulhar nele, na verdade, em mim mesmo. Para quê? – Algo deseja percorrer este caminho. Estranho –[62]

---

60 Eschenbach é um mosteiro cisterciense feminino fundado em 1285 (cf. o site www.kloster-eschenbach.ch).
61 Sexta-feira, *Líber Prímus*, cap. 4, "O deserto" (*LN*, p. 128).
62 Esta oração não foi reproduzida no *LN*.

Minha alma me leva para o deserto – para o deserto do meu próprio eu*. Eu não pensava que meu eu fosse um deserto, no entanto, é o que parece ser – um deserto árido e quente, empoeirado e sem refresco. A viagem parece atravessar a areia quente, um vadear lento, sem destino visível, baseado em esperança. Parece que é assim que precisa ser. [31/32] No passado, eu teria me rebelado contra esse pensamento, mas desde que sei que tu, minh'alma, sempre sabes tudo melhor, eu te sigo.[63]

Quão tenebroso é este ermo. Parece-me que o caminho me afasta tanto das pessoas. Não ouso perguntar: para onde? Seria inútil. Para que querer antever? Eu não seria capaz de reconhecê-lo. Nunca o reconheci de antemão. Eu via apenas o triste e o feio, e o belo vinha até mim. Por que me queixaria disso?[64] Sigo meu caminho, passo a passo, e não sei até quando minha viagem durará.

Por que o meu eu é um deserto? Jamais me veio esse pensamento.[65] Tenho vivido demais fora de mim, em coisas e pessoas? Tudo parece indicar que sim.[66] Por que evitei meu próprio eu? Eu nada valia para mim mesmo?

Que engano! [32/33] Evitei-me a mim mesmo, não, na verdade, evitei meu eu, o lugar da minha alma, onde ela morava e vivia! Jamais retornei para lá, exceto no sonho.[67] Eu era meus pensamentos, quando deixei de ser as coisas e pessoas. No entanto, eu não era o meu eu, contraposto aos meus pensamentos. Eu ainda estava em meus pensamentos, e devo elevar-me também acima deles até o meu próprio eu, o lugar de minha alma. E este meu eu é um deserto, sem irrigação e sem cultivo.[68] É para lá que minha viagem parece me levar e, por isso, ela parece me levar para longe de coisas e pessoas, para a solidão comigo mesmo.

Isso é solidão, estar consigo mesmo?

---

* Nota do Editor: O original traz *Selbst*, que posteriormente recebe na obra de Jung um significado arquetípico, porém, aqui, ainda era usado coloquialmente. Conforme o caso, mantemos nesta obra o termo Si-mesmo, exceto nas passagens em que soa mais apropriado "eu", "meu eu", "seu eu", para falar informalmente do núcleo ou da identidade pessoal.

63 Esta oração não foi reproduzida no *LN*.
64 As sete linhas precedentes não foram reproduzidas no *LN*.
65 Esta linha não foi reproduzida no *LN*.
66 Esta linha não foi reproduzida no *LN*.
67 As três orações precedentes foram substituídas no *LN* por: "Mas eu evitei o lugar de minha alma" (p. 128).
68 Esta oração não foi reproduzida no *LN*.

É solidão apenas se o Si-mesmo for um deserto. Ouço as palavras: "Um anacoreta em seu próprio deserto". Lembro-me dos monges do deserto sírio. Meu sonho?[69]

Devo transformar o deserto em jardim? Devo povoar uma terra erma,[70] [33/34] torná-la habitável porque todas as terras habitáveis estão inundadas de pessoas e ensurdecidas pelo barulho da vida? Devo abrir o jardim mágico arejado do deserto[71] para todos aqueles que desejam fugir da azáfama densa da vida exterior? Não sei o que fazer. Quem me leva para o deserto, e o que faço ali?

Jogo esconde-esconde comigo mesmo? Não quero enxergá-lo? Que enganação <u>não</u> posso esperar do meu pensamento? Verdadeira é apenas a vida. E apenas a vida me leva para o deserto, certamente não meu pensamento, que deseja retornar para pensamentos, coisas e pessoas, pois o deserto o assombra.

Eu te pergunto, minh'alma, minha vida, o que estou fazendo aqui?

Ouço a palavra cruel "espera".[72] Esse é o mais cruel dos castigos infernais do diabo, ele deixa as pessoas esperarem. O tormento faz parte do deserto – no fundo, eu sei disso e queria não [34/35] saber. No deserto – esperar – ~~xx~~ e pelo quê?

Um nada sem eco em minha volta, mesmo assim, a sensação de coisas que se empilham por trás do longínquo horizonte, por vezes evocando uma Fata Morgana.[73] A realidade, porém, é: esperar sedento.

Penso em Cristo no deserto.[74] Aqueles antigos iam externamente para o deserto. Iam também para o deserto de seu próprio Si-mesmo? Ou será que seu Si-mesmo não era tão ermo e deserto quanto o meu? Lá, eles lutavam com o diabo. Eu luto com a espera. Parece-me não ser pouco, pois é verdadeiramente um inferno quente.

Estou cansado, libera-me!

---

69 As últimas três linhas não foram reproduzidas no *LN*.

70 O restante desta oração não foi reproduzido no *LN*.

71 O restante desta oração e as quatro linhas seguintes não foram reproduzidas no *LN*.

72 O restante deste registro não foi reproduzido no *LN*. Para o comentário de Jung, cf. *LN*, p. 129.

73 Uma Fata Morgana é uma miragem no horizonte. Batizada com o nome da bruxa arturiana Morgana Le Fay, diziam que a ilusão era causada por sua feitiçaria para atrair os marinheiros para a sua morte.

74 Cristo foi tentado pelo diabo durante 40 dias no deserto (Lc 4,1-13).

11 de dez. de 1913[75]

Após dura luta, aproximei-me um pouco mais de ti. Como foi difícil essa luta! Caí num matagal de dúvidas, confusões e galhofas.[76] Apenas o amor daqueles aos quais tenho dado amor [35/36] me salvou da escuridão. Nenhuma fé ajuda, nem qualquer teorema, apenas o vivo, ~~a relação de amor~~ o amor daqueles aos quais tenho dado amor.

Obtive uma compreensão dessa luta: devo ser solitário com aquilo que me parecia ser o mais valioso, com meu espírito, e devo dar às pessoas aquilo que me parecia ser o mais barato, o humano. Essa curiosa inversão é nova para mim. Mas essa necessidade se impõe.

Venho a ti, minh'alma, de mãos vazias. O que queres ouvir?[77]

"Quando procuras um amigo, vens para tomar?"

Eu sei, não era para ser assim. Parece-me, porém, que sou pobre e vazio e desejo sentar-me perto de ti, sentir pelo menos o sopro de tua presença vivificadora. Meu caminho é areia quente. Durante todos estes dias − estrada arenosa. Minha paciência é, às vezes, fraca, e uma vez me desesperei, como sabes.

[78]"Tu falas comigo como se [36/37] fosses uma criança que se queixa à mãe. Não sou tua mãe".

Não quero me queixar, mas permite-me dizer-te que minha estrada é longa e cheia de poeira. Tu és para mim como a sombra de uma árvore no ermo do deserto árido. Quero desfrutar da tua sombra.

[79]"Tu és um viciado em prazer. Onde está a tua paciência? Teu tempo ainda não passou. Esqueceste por que foste para o deserto?"

Minha fé é fraca, minha visão está cega de todo o brilho tremeluzente do sol do deserto. O calor pesa sobre mim como chumbo. A sede me tortura, e não ouso imaginar quão infinitamente longo é o meu caminho − e, sobretudo, nada vejo à minha frente.

[80]"Tu falas como se ainda não tivesses aprendido nada. Não sabes esperar? Queres que tudo te seja entregue de bandeja? Tu estás cheio, sim, transbordas

---

75 Quinta-feira. *Líber Prímus*, "Experiências no deserto" (*LN*, p. 130).

76 A linha seguinte e os dois próximos parágrafos foram substituídos no *LN* por "Reconheço que devo ficar sozinho com minha alma" (p. 130).

77 No *LN*, Jung acrescentou: "Mas a alma me falou e disse" (p. 130).

78 No *LN*, Jung acrescentou: "Respondeu então a alma e falou" (p. 130).

79 No *LN*, Jung acrescentou: "Mas a alma respondeu" (p. 131).

80 No *LN*, ele acrescentou: "Mas a alma respondeu" (p. 131).

de desejos e intenções! Ainda não sabes que o caminho da verdade [37/38] se abre apenas para aqueles que estão livres de intenções? Ainda não sabes que apenas aquele que não deseja, que não é ganancioso, receberá satisfação?"[81]

Sei que todos estes são também pensamentos meus. Mas raramente vivo de acordo com eles.

[82]"Como, dize-me, achas que teus pensamentos te ajudarão?"

Confesso que não tenho poucos, mas muitos pensamentos que não vivo e dos quais espero, mesmo assim, ajuda e eficácia.[83] Sempre apelarei ao fato de que sou humano, apenas um homem que é fraco e, por vezes, não faz o melhor que pode.

[84]"É <u>assim</u> que imaginas a existência humana?"

Tu és dura, minh'alma, mas estás certa. Quão inaptos somos para a vida! Deveríamos ser capazes de crescer como uma árvore, que também não conhece sua lei (como os lírios do campo).[85] Nós nos amarramos em intenções, esquecendo-nos do fato de que intenção [38/39] é limitação, sim, exclusão da vida. E quanto egoísmo infantil e míope há em uma intenção! Acreditamos poder esclarecer uma escuridão com uma intenção, e assim erramos a luz.[86] Como podemos ser tão presunçosos ao ponto de querer saber de antemão de onde nos virá a luz?

Uma única queixa quero fazer a ti: sofro com o riso da zombaria, com minha própria galhofa.

[87]"Tu pensas pouco de ti mesmo?"

Creio que não.

[88]"Ouve, então. Tu pensas pouco de mim. Ainda não sabes que não estás escrevendo um livro que alimentará tua vaidade, mas que estás conversando

---

81 A linha precedente não foi reproduzida no *LN*.

82 No *LN*, Jung acrescentou: "A alma disse" (p. 131).

83 A linha precedente não foi reproduzida no *LN*.

84 No *LN*, Jung acrescentou: "Mas a alma falou" (p. 131).

85 A linha precedente não foi reproduzida no *LN*. Ela cita Mt 6,28: "Observai como crescem os lírios do campo: não trabalham nem fiam".

86 No "Comentário sobre *O segredo da flor de ouro*" (1929), Jung criticou a tendência ocidental de transformar tudo em métodos e intenções. A lição cardeal, segundo os textos chineses e o Mestre Eckhart, era a de permitir que eventos psíquicos ocorressem por conta própria: "O deixar-acontecer, na expressão de mestre Eckhart, a ação do não ação foi, para mim, uma chave que abriu a porta para entrar no caminho: *Devemos deixar as coisas acontecerem psiquicamente*" (OC 13, § 20).

87 No *LN*, Jung acrescentou: "Mas a alma me falou" (p. 131).

88 No *LN*, ele acrescentou: "A alma respondeu" (ibid.).

comigo. Como podes sofrer com a galhofa se tu falas comigo com as palavras que eu te dou? Sabes então quem eu sou? Tu me cercaste, delimitaste e transformaste em uma fórmula morta? Tu sondaste as profundezas do meu abismo e exploraste todos os caminhos pelos quais [39/40] ainda te levarei? Uma galhofa não pode te afetar, a não ser que sejas vaidoso até a medula de teus ossos".

Tua verdade é dura. Quero entregar-te minha vaidade, pois sinto que ela me cega. Vê, também por isso eu acreditava que minhas mãos estavam vazias quando hoje te procurei. Não imaginei que és tu que enches mãos vazias quando elas se estendem apenas para receber a esmola. Mas elas não a quiseram. Então pensei que _eu_ devia dá-la e me esqueci de ti, como se eu não soubesse que eu sou teu recipiente, vazio _sem ti_, mas transbordante _contigo_.

[89]A impaciência me dilacera — para que tudo isso? Para onde leva esta estrada? Nenhum pio, nenhuma resposta! [40/41]

12.XII.13[90]

A luta dos últimos tempos tem sido a luta com a galhofa. Um sonho, que me rendeu uma noite sem sono e três dias de tormento, comparou-me (do início ao fim) com O _farmacêutico de Chamounix_, de G. Keller.[91] Conheço e reconheço esse estilo. Aprendi que o coração deve ser dado às pessoas; o intelecto, porém, ao espírito da humanidade, a Deus. Assim, sua obra pode transcender a vaidade, pois não existe meretriz mais hipócrita do que o intelecto quando ele substitui o coração.[92]

"Estou caindo", diz uma voz dentro de mim. "Para onde?" "O que queres?", gritam outras. Devo confiar-me a este turbilhão. Uma enxurrada de dúvidas cai sobre mim. Devo confiar-me a esta confusão? Estremeço. É uma profundeza horrenda. Queres este sacrifício de mim? Entregar-me ao acaso de mim mesmo, à loucura do meu próprio claro-escuro, é isso que devo fazer?[93] Para onde? Para onde? Se eu tiver confiança em minha alma, deverei ousar. Como é

---

89 A linha seguinte não foi reproduzida no _LN_. Para o comentário de Jung sobre este registro, cf. _LN_, p. 132-133.

90 Sexta-feira, _Liber Primus_, cap. 5, "Descida ao inferno no futuro" (_LN_, p. 133ss.).

91 Gottfried Keller (1819-1890) era um escritor suíço. Cf. "Der Apotheker von Chamounix: Ein Buch Romanzen". In: KELLER, G. _Gesammelte Gedichte_: Erzählung aus dem Nachlass. Zurique: Artemis, 1984, p. 351-417.

92 O parágrafo precedente não foi reproduzido no _LN_.

93 As duas linhas precedentes não foram reproduzidas no _LN_.

difícil confiar [41/42] em si mesmo ao ponto de conseguir <u>deitar</u>-se tranquilamente num abismo![94]

Tu estás caindo, bem, cairei contigo, quem quer que sejas. Caio contigo em profundeza rodopiante ao longo de rochas cinzentas. Colunas de vapor se levantam com chios e rugidos – descida aos infernos.[95] Vejo uma caverna preta, um anão em couro guarda a entrada – socorro, céu, que tormento![96] O chão é preto, e sujeira até os tornozelos. Hesito em entrar. Sombras passam por mim – em frente! – sou tomado de medo, está apertado e quente ou frio – não sei – entro rastejando por frestas nas rochas – uma caverna claro-escura; no chão, água negra, na outra margem, uma pedra brilhante. Entro na água até os joelhos – está frio – até a pedra. Não me parem, gritos que me interrompem. É [42/43] preciso, isso precisa ser conquistado. A pedra do tormento, da luz vermelha. A luz é fria, um cristal, eu o levanto; embaixo dele, um buraco escuro, o que será? Na caverna, ecos de muitas vozes humanas, mas ninguém está aqui. Estou de pé, com a pedra na mão, olho em volta querendo entender – vejo apenas o Uno – não quero ouvir vozes, elas me afastam. Esse buraco escuro – para onde leva? É o que quero saber, o que ele diz? Um oráculo? É o lugar da Pítia? Não me afastem! O primordial e eterno deve se manifestar aqui – silêncio com seus gritos, sombras ridículas, excreção do mundo superior – o local do oráculo? Será possível?[97] Devo deitar meu ouvido em tua abertura? Ouço o marulho próximo e distante [43/44] de correntezas subterrâneas – uma cabeça sangrenta na correnteza escura, um ferido que nada em terrível profundeza. Ele não sabe – ou está estarrecido – estarrecido em gélido frio na posição de um nadador.[98] Passa um besouro preto gigantesco – como um escaravelho, um sol que, do solo mais profundo,

---

94 As duas linhas precedentes não foram reproduzidas no *LN*.
95 A referência ao cair com sua alma não foi reproduzida no *LN*; tampouco a expressão "descida aos infernos". Albrecht Dieterich se refere ao submundo em *As rãs*, de Aristófanes (que ele acreditava ser de origem órfica) como tendo um grande lago e um lugar com serpentes (*Nekyía*: Beiträge zur Erklärung der neuentdeckten Petrusapokalypse. Leipzig: Teubner, 1893, p. 71). Jung destacou esses motivos em sua cópia. Dieterich se referiu às suas descrições novamente na página 83, que Jung marcou na margem, e ele sublinhou "Escuridão e lama". Dieterich se referiu também a uma representação órfica de uma correnteza de lama no submundo (p. 81). Em sua lista de referências no fim de sua cópia, Jung anotou: "81 lama".
96 As duas últimas cláusulas desta oração não foram reproduzidas no *LN*. O restante deste parágrafo é parafraseado em grande parte no *LN*.
97 As quatro últimas linhas foram apagadas no *LN*.
98 As três últimas cláusulas não foram reproduzidas no *LN*.

irradia pela água – eu não compreendo (acredito – cobras encaracoladas descem pelos muros para a profundeza, onde a luz do sol é mais fosca, mil serpentes que cercam, encobrem o sol – noite profunda – a água ruge – estou exausto, barulho de mil vozes ecoa pelas paredes da caverna. Como é barulhento esse mundo superior! Excesso de pressa, que perturba a visão. Mais uma olhada para a profundeza[99] – um jato vermelho como sangue esguicha para o alto, um sangue grosso e vermelho. Ele jorra por muito tempo e, então, seca. [44/45]

O que foi que vi? Que noite! Vi tudo como que voando, puxado para baixo e, depois, lançado para o alto![100]

Cura as feridas que a dúvida me causa, minh'alma. Também isso deve ser superado para que eu reconheça teu sentido supremo. Quão distante é tudo, e quão retornado estou. O medo e a dúvida me puxaram para longe. Ah, se eu pudesse passar horas e horas deitado, olhando e ouvindo, naquele lugar mais íntimo e profundo, no local do oráculo, para que tu, minh'alma, pudesses falar comigo com tuas e não com as minhas palavras.[101] Meu espírito é um espírito de tormento, ele dilacera minha visão mais íntima, deseja dissecar, entender, reunir ao dividir, construir ao destruir. Ainda sou vítima do meu pensamento – quando sou senhor do meu pensar?[102] Quando posso ordenar silêncio ao meu pensamento, para que meus pensamentos, os cães rebeldes, [45/46] rastejem aos meus pés? Como posso esperar ouvir tua voz mais alta, ver com clareza as tuas visões,

---

99 A cláusula precedente e as duas linhas anteriores não foram reproduzidas no *LN*.
100 As duas linhas precedentes não foram reproduzidas no *LN*.
101 As duas linhas precedentes não foram reproduzidas no *LN*.
102 A oração precedente não foi reproduzida no *LN*. Jung narrou esse episódio em seu seminário de 1925, ressaltando detalhes diferentes: "Ao sair da fantasia, percebi que meu mecanismo funcionara admiravelmente bem, mas eu me encontrava muito confuso quanto ao significado de todas as coisas que havia visto. A luz que vinha do cristal na caverna era, pensei eu, como a pedra da sabedoria. O assassinato secreto do herói não consegui entendê-lo de modo algum. O besouro, evidentemente, eu sabia que era um antigo símbolo do sol e o sol poente, o disco vermelho luminoso, era arquetípico. Pensei que as serpentes deviam estar ligadas a material egípcio. Não pude perceber então que tudo era tão arquetípico, eu não precisava procurar conexões. Consegui ligar o quadro com o mar de sangue sobre o qual eu havia fantasiado antes. Embora eu não pudesse compreender então o significado do herói assassinado, logo depois tive um sonho no qual Siegfried foi morto por mim. Tratava-se de destruir o ideal do herói de minha eficiência. Esta precisava ser sacrificada a fim de poder ser feita uma nova adaptação; em resumo, isto está ligado ao sacrifício da função superior a fim de chegar à libido necessária para ativar as funções inferiores" (*Seminários sobre Psicologia Analítica (1925)*, p. 89-90). (O assassinato de Siegfried ocorre abaixo, no registro de 18 de dezembro de 1913). Jung também citou e discutiu anonimamente essa fantasia em sua preleção na ETH em 14 de junho de 1935 (HANNAH, B. *Modern Psychology*, vols. 1 e 2, p. 223).

se todos os pensamentos uivam em minha volta? Vivo primeiro no mundo superior, mas, minh'alma, em teu mundo mais íntimo, sou como uma sombra ilusória, tremulante e levada por qualquer brisa.[103]

Estou perplexo. Quero estar perplexo, pois eu, minh'alma, jurei confiar em ti, mesmo que me faças atravessar a loucura. Muitos sonhos dos últimos tempos me falavam disso, eu sei. Mas estou disposto. Pois a luz divina nos brilha na mais profunda escuridão.[104] Mas como devo ter parte do teu sol se eu não tiver bebido até a última gota da amarga poção noturna? Ajuda para que eu não me sufoque em meu próprio conhecimento. [46/47] Eu a acumulei, não só por ganância, ambição e vaidade, mas em nome da verdade e para me aproximar de ti, como vim a entender mais tarde.[105] Mas a plenitude do meu conhecimento ameaça desabar sobre mim. Meu conhecimento tem um exército de mil oradores com vozes de leão, o ar estremece quando falam, e eu sou sua vítima indefesa. Eles me agarram e me arrastam para longe do teu silêncio e da profundeza calma, onde jorra apenas a verdade e a visão mais profundas, onde passado e futuro se unem numa corrente e onde vislumbro, na distante imagem do passado, o futuro em escuras imagens enigmáticas.[106] Mantém longe de mim a interpretação,[107] aquele cruel carcereiro da ciência, que prende as almas e as tranca em cárceres sem luz, mas protege-me sobretudo da serpente venenosa da crítica,[108] que é cobra curadora apenas para a superfície; em tua profundeza é, porém, veneno infernal e morte agonizante. [47/48]

Quero descer para as tuas profundezas como pessoa pura de roupa branca, não quero vir como um ladrão, pegar e fugir sem fôlego.

Permite que eu permaneça em divina perplexidade, para que eu esteja pronto para contemplar <u>teus</u> milagres que sobem da profundeza eterna.[109] Ajuda, ajuda, permite que eu deite minha cabeça numa pedra diante do teu portão e espere por ti, ~~quando~~ para que eu esteja pronto para receber em mim a luz da tua glória.[110]

---

103 A linha precedente não foi reproduzida no *LN*.
104 As três linhas precedentes não foram reproduzidas no *LN*.
105 A oração precedente não foi reproduzida no *LN*.
106 A oração precedente não foi reproduzida no *LN*.
107 Essa expressão não foi reproduzida no *LN*.
108 No *LN*, essa expressão foi substituída por "serpente do julgamento" (p. 135).
109 A última cláusula não foi reproduzida no *LN*.
110 "tua glória" não foi reproduzido no *LN*.

15.XII.13[111]

Livro dos meus experimentos mais difíceis, eu te abro com resistência interna.

Tudo em mim se arrepia diante do imediatismo dessa vivência! Quero acalmar a mim mesmo como a um cavalo agitado. Eu me espanto diante de mim mesmo como se fosse um monstro noturno, "subjetivo" ainda é o horripilante e assustador, como se essa palavra desvalorizasse tudo e o tornasse supérfluo. Como se o "sujeito" fosse um nada nos eventos do mundo. Preciso superar isso. [48/49]

16.XII.13[112]

Descer ao inferno significa transformar-se em inferno.[113] Tudo é terrivelmente confuso e entretecido.

Minh'alma, nesta trilha do deserto não há apenas terra ardente, mas existem também coisas invisíveis terrivelmente envolventes que habitam este deserto. Eu não sabia disso. O caminho apenas aparenta estar livre, o deserto apenas aparenta ser ermo e vazio. Ele parece ser habitado por seres mágicos que me atacam, minha figura deve, agora, se transformar. Devo ter adquirido formas monstruosas ~~algo~~ entre as quais não me reconheço. Penso que seja uma monstruosa forma animal pela qual troquei a minha humanidade.

Este caminho está envolto em magia infernal, laços invisíveis são lançados sobre mim, e eles me envolvem.

"Desce para a tua profundeza",[114] dizes tu.

Como faço isso?

"Afunda". [49/50]

Como posso afundar? Essa é a arte mais alta e mais difícil, afundar-se a si mesmo. Ensina-me.[115] Sou incapaz de fazê-lo por mim mesmo.

"Senta-te, descansa".

---

111 Segunda-feira. Esse registro não foi reproduzido no *LN*.

112 Terça-feira, *Líber Prímus*, cap. 6, "Divisão do espírito" (*LN*, p. 141).

113 Em *Além do bem e do mal* (1886), Nietzsche escreve: "Quem luta com monstros deve ter cuidado para não se tornar um monstro. E se olhas demoradamente um abismo, o abismo olha para dentro de ti" (Petrópolis: Vozes, 2009, § 146).

114 No *LN*, essa declaração é atribuída ao espírito das profundezas (p. 142).

115 As duas orações precedentes não foram reproduzidas no *LN*.

Terrível, perdoa-me, isto soa como um absurdo infernal. Exiges também isso de mim? Ouves o rugido da indignação dentro de mim.[116] Tu derrubas Deuses poderosos que nos significam o mais sublime. Minh'alma, onde estás? Será que me confiei a um animal estúpido, confiei como um bêbado em uma vala para curar uma ressaca?[117] Gaguejo besteiras rasgadas como um louco. É este o teu caminho, minh'alma? Perdoa, perdoa, mas meu sangue ferve, e eu poderia te estrangular se eu conseguisse te agarrar. Tu teces a mais densa escuridão, minh'alma, mas estou preso em tuas redes como um louco. [50/51] Mas eu quero, eu quero. Ensina-me.

"Minha trilha é luz!"

Chamas de luz aquilo que nós humanos chamamos pior escuridão? Chamas noite o nosso dia? Guia-me. Dá-me luz, tua luz.[118]

"Minha luz não é deste mundo".[119]

Nada sei daquele outro mundo.

"Deve ele não existir porque tu nada <u>sabes</u> dele?"

Mas o nosso conhecimento! O conhecimento também nada vale para ti? O que deve ser senão o conhecimento? Onde há segurança? Onde há chão? Onde há terra firme? Onde há luz? Tua escuridão não é apenas mais negra do que a noite, é, também, sem fundo. Se o conhecimento não deve ser, então, talvez, tampouco língua e palavras?

"Tampouco palavras". [51/52]

Eu não poderia sonhar mais terrível destruição.[120] Perdão, talvez eu não te ouça direito, talvez eu te interprete erradamente. Talvez eu seduza a mim mesmo com mentiras próprias e bugiaria infernal, uma careta de mim mesmo, que ri de mim nos espelhos, um senhor em meu próprio manicômio. Talvez, minh'alma, tu tropeças em minha insensatez.

"Tu te enganas, tu não mentes para mim. Tuas palavras são mentiras <u>para ti</u>, não <u>para mim</u>".

---

116 A oração precedente não foi reproduzida no *LN*.
117 A cláusula precedente não foi reproduzida no *LN*.
118 A oração precedente não foi reproduzida no *LN*.
119 Cf. Jo 18,36: "Meu reino não é deste mundo".
120 A oração precedente não foi reproduzida no *LN*.

Mas eu poderia me revirar em frenética tolice, que, como um dilúvio marulhado, ~~que, como~~ devora a mim e a ti.[121] Eu poderia tramar o insensato, o perversamente estúpido –

"Quem te dá pensamentos e palavra? Consegues dar conta? Não és – meu servo – alguém que recebe – [52/53] um mendigo deitado às minhas portas e que cata minha esmola? E tu ousas pensar que aquilo que imaginas e falas poderia ser tolice? Ainda não sabes que isso vem de mim e pertence a mim?"

Nesse caso, porém, minha indignação também precisa vir de ti. Então tu te indignas em mim contra ti mesmo.

"Isso é guerra civil".

Ah, um bordão que ouvi muitas vezes de mim mesmo, aplicado a outros.[122] Que dor, minh'alma, ouvir-te declamar frases vazias. És neurótica? Somos nós neuróticos?[123]

Estou começando a passar mal – comédia e palermice.

Mas eu quero, eu quero. Eu me arrasto também [53/54] por lama fedorenta, pela mais odiada banalidade. Os diabos da trilha do deserto não me capturarão e não me derrubarão.[124] Eu posso devorá-los hoje, mesmo que chova excrementos de frases.[125] ~~Até~~ O banal também pertence ao inferno.

Eu não recuo, eu resisto, mesmo que imaginem outras torturas, monstros com patas de aranha, monstros estranhos e nojentos do teatro e folhetim. Que venham – estou pronto, pronto, minh'alma, que és um diabo, para lutar também contigo. Tu realizaste a obra de um Deus, e eu te venerava. Agora tomas a máscara do diabo – uma máscara terrível – a máscara do banal, do esterqueiro das palavras e das frases.

Apenas um favor! Deixa-me dar um passo para trás por um momento e refletir! A luta com [54/55] essa máscara vale a pena? Vale a pena a veneração da máscara de Deus? Não posso, o desejo de lutar arde em meus membros – não, não posso deixar o campo de batalha como derrotado. Quero agarrar-te, esmagar-te, palhaço[126], macaco.

---

121 A cláusula precedente não foi reproduzida no *LN*.
122 A oração precedente não foi reproduzida no *LN*.
123 A oração precedente não foi reproduzida no *LN*.
124 A oração precedente não foi reproduzida no *LN*.
125 A cláusula precedente não foi reproduzida no *LN*.
126 "*Hanswurst*", em alemão. Uma referência a um personagem cômico bufão, popular em peças teatrais do século XIII. Também usado como forma de insulto [N.T.].

Ai, a luta é desigual − meus braços só socam ar − mas teus golpes também são ar e − percebo eu − uma farsa.

Estou novamente na trilha do deserto − uma visão de deserto − uma visão dos solitários, que seguem a longa estrada. − Ah, uma <u>obra de arte!</u> − Maldita pontada, essa flecha acertou. De onde veio ela?[127] Esta estrada é emboscada por aventureiros, ladrões e assassinos invisíveis estão de tocaia e lançam projéteis mortais. A flecha perfurou meu coração?[128] Seu veneno arde. Névoas sangrentas embaçam meus olhos. Alguém coloca chumbo sobre meus [55/56] ombros.

Mas eu quero, quero.

18.XII.13[129]

A noite seguinte foi horrível. Um sonho assustador logo me acordou.[130]

Eu estava com um jovem desconhecido, um selvagem moreno,[131] numa tremenda passagem montanhosa antes do nascer do sol. O céu local já estava claro. Então ressoou sobre as montanhas a corneta de Siegfried em tom jubiloso, e sabíamos que estava chegando o nosso <u>inimigo mortal.</u>[132] Estávamos armados e agachados numa estreita trilha rochosa para <u>matar o herói.</u> Então ele veio pelo alto da montanha em um carro feito de ossos, em roupa branca com figuras míticas pretas,[133] e desceu com incrível ousadia por rochas escarpadas, alcançando a trilha estreita [56/57] onde estávamos à espreita. Quando fez uma curva, nós atiramos ao mesmo tempo e o ferimos fatalmente. Meu companheiro se separou de mim para prestar um último serviço ao herói.[134] Eu me preparei para a fuga. Então caiu uma chuva muito forte. Com facilidade, subi um caminho incrivel-

---

127 As três linhas precedentes não foram reproduzidas no *LN*.

128 O restante deste registro não foi reproduzido no *LN*. Para o comentário de Jung sobre esse registro, cf. *LN*, p. 144-145.

129 Quinta-feira, *Líber Prímus*, cap. 7, "Assassinato do herói" (*LN*, p. 145).

130 As duas orações precedentes foram substituídas no *LN* por "Na noite seguinte, contudo, tive uma visão" (p. 145).

131 A cláusula precedente foi acrescentada a lápis.

132 Siegfried é um príncipe heroico que aparece em contos épicos alemães e nórdicos. No *Nibelungenlied*, do século XII, ele é descrito da seguinte forma: "E como era magnífico o estilo com que Siegfried montava! Ele portava uma grande lança, de haste robusta e ponta larga, sua espada vistosa alcançava as esporas, e a corneta bela que este senhor levava era do mais vermelho ouro" (trad. A. Hatto [Londres: Penguin, 2004], p. 129). Brunhilde, a esposa de Siegfried, é enganada e revela o único lugar em que ele poderia ser ferido e morto. Wagner usou esses contos épicos em *O Anel do Nibelungo*. Em *Transformação e símbolos da libido*, Jung apresentou uma interpretação psicológica de Siegfried como um símbolo da libido, citando principalmente o libreto de *Siegfried*, de Wagner (CW B, § 568ss).

133 As roupas de Siegfried não são mencionadas no *LN*.

134 A última cláusula foi acrescentada a lápis.

mente íngreme e então ajudei minha esposa, que seguia mais lenta, a subir. Algumas pessoas zombavam de nós, mas eu não me importei, pois isso mostrava que elas não sabiam que tínhamos assassinado o seu herói.[135]

Depois desse sonho, passei por um tormento mental até a morte. E senti que teria que matar a mim mesmo se não conseguisse solucionar o enigma. Eu sabia que teria que matar-me com um tiro caso não conseguisse entender o sonho.[136]

Aos poucos, entendi que <u>a verdade mais sublime é idêntica ao absurdo</u>.[137]

Então dissolveu-se a incrível tensão, e, como uma chuva, caiu [57/58] tudo aquilo que era tensão, sobrecarga de tensão. E logo voltou o sonho e trouxe uma imagem curiosamente linda:[138]

Figuras envoltas em seda branca numa atmosfera colorida. Cada uma estava envolta numa estranha capa leve, colorida e brilhante, algumas eram avermelhadas; outras azuladas e esverdeadas.[139]

---

135 As duas orações precedentes não foram reproduzidas no *LN*.

136 A oração precedente foi acrescentada a lápis. Jung contou esse sonho no seminário de 1925, destacando detalhes diferentes. Antes de contá-lo, fez as seguintes observações: "Siegfried não me era uma figura especialmente simpática e não sei por que meu inconsciente ficou profundamente interessado nele. O Siegfried de Wagner, de maneira especial, é exageradamente extrovertido e às vezes realmente ridículo. Nunca gostei dele. No entanto, meu sonho mostrou que ele era meu herói. Não pude entender a forte emoção que tive com o sonho". Após narrar o sonho, Jung concluiu: "Eu sentia uma enorme pena dele, como se eu mesmo tivesse sido alvejado. Devo, portanto, ter tido um herói que eu não valorizei e foi meu ideal de força e eficiência que eu havia matado. Eu havia matado meu intelecto, ajudado para isso por uma personificação do inconsciente coletivo, o homenzinho bronzeado que estava comigo. Em outras palavras, destituí minha função superior [...]. A chuva que caiu é um símbolo da liberação da tensão; ou seja, as forças do inconsciente são soltas. Quando isto acontece, produz-se a sensação de alívio. O crime é expiado porque, logo que a função principal é destituída, existe uma chance para outros lados da personalidade adquirirem vida" (*Seminários sobre Psicologia Analítica (1925)*, p. 97-98). Em suas observações posteriores sobre esse sonho em *Memórias* (p. 186), Jung disse que ele sentia que teria que se matar caso não solucionasse esse enigma.

137 No *LN*, essa declaração foi atribuída ao espírito das profundezas (p. 146).

138 No *LN*, esse parágrafo foi substituído por "Tive então uma segunda visão" (p. 146).

139 Jung contou esse sonho a Aniela Jaffé e o comentou da seguinte forma: "Trata-se de algum tipo de mundo intermediário (o termo ocorre definitivamente na versão original do sonho). A ideia era que, se você é confrontado com a sombra – como foi o caso através da experiência do sonho de Siegfried – então vem a ideia: entro num crepúsculo: eu sou isso, mas também algo diferente. E essa duplicidade se apresenta: eu e minha aura. Algo que sou e algo diferente, que é distinto de mim. É uma indicação do inconsciente, cujo alcance, estranhamente, vai muito além de mim. Como a auréola de um santo. – Isso tem um efeito estranho sobre a atitude em relação ao ser humano. Se você estiver na companhia de várias pessoas e você as conhecer e tiver conhecimento de suas sombras, então você verá essas pessoas como são, mas elas são também algo completamente diferente. Estão envoltas por uma esfera estranha. Vivem numa esfera estranha de cores claras, que circunscreve seu 'outro' estado. Isso me parecia como uma visão do mundo no além, onde homens são íntegros e completos, diferentemente daqui. A auréola do santo também caracteriza sua luz transcendente, seu ser psíquico" (MP, p. 170). O restante desse registro foi substituído no *LN* por "Eu sei, tenho avançado pelas profundezas. Através de culpa, tornei-me um recém-nascido" (p. 162).

Essa imagem irradiava um sentimento espiritual-sensual mágico, e eu adormeci como um convalescente.[140] Eu atravessei a profundeza e vejo luz. Mas parece-me que estou num <u>novo mundo</u>.[141]

Onde estou?

A culpa vergonhosa me transformou em homem novo, num renascido?[142]

Não conheço caminho nem atalho, acredito que, neste novo estado, ainda não aprendi a andar. [58/59]

Devo avançar tateando, me arrastar? Ou algo virá a mim que me guia e me indica a direção a seguir?

Certamente é um mundo animado, um mundo das coisas mais simples. Não é, como me parece, um mundo da intenção − ou um mundo do dever e sim um mundo do talvez com possibilidades completamente indeterminadas, um mundo da meia-luz colorida. Parece que, aqui, só existem caminhos pequenos, mais próximos, <u>nenhum</u> destino distante, nenhuma via militar larga e reta. Nenhum céu acima, nenhum inferno abaixo. Um estranho mundo intermediário − tudo em tons suaves que se misturam. Uma pintura rica em cores, fundida harmoniosamente em si mesma.

20.XII.13[143]

As incertezas são muitas, uma delas − não a menor − é <u>segurar</u> este novo mundo. Fraco e artificial é um novo mundo[144] − artificial, uma palavra má, mas aprendi que inícios fracos e [59/60] <u>artificiais</u>, meias-realidades deformes, quando reunidas, crescem e se transformam em realidades terríveis. A semente da mostarda que se transformou em árvore,[145] o <u>Verbo</u> que foi concebido no

---

140 A oração anterior não foi reproduzida no *LN*.

141 A oração anterior não foi reproduzida no *LN*.

142 Em outubro de 1916, numa palestra sobre "Adaptação" ao Clube Psicológico, Jung falou da importância de culpa: "O primeiro passo da individuação é uma *culpa* trágica. A acumulação de culpa exige *expiação*" (OC 18/2, § 1094).

143 Sábado, *Líber Prímus*, cap. 8, "Concepção do Deus" (*LN*, p. 148). Na noite anterior, Jung fizera uma apresentação à Sociedade Psicanalítica de Zurique sobre "A psicologia do inconsciente". Ele discutiu a relação com a realidade dos primitivos, observando especialmente: "Encontrar analogias é, portanto, uma atividade muito importante. Basta falar do mito a fim de alcançar o efeito que o mito descreve. Originalmente, o mito era uma fórmula curadora através do poder do pensamento. Magia de analogia para alcançar sublimação".

144 A oração anterior não foi reproduzida no *LN*.

145 Cf. Mt 13,31-32: "Ele lhes propôs outra parábola: 'O reino dos céus é semelhante a um grão de mostarda, que um homem toma e semeia em sua terra. É a menor de todas as sementes. Mas, quando

ventre de uma virgem, ele se transformou num Deus com uma história de dois mil anos.[146]

———————

[147]Eu recebi a tua semente, ó vindouro, eu a recebi na mais profunda necessidade e humildade, eu a envolvi em trapos grotescos e a deitei no leito de palavras de palha, e os zombadores ~~te~~ a adoraram com galhofas, tua criança, tua ~~estranha~~ milagrosa criança, a criança de um vindouro que proclamará o pai, um fruto mais antigo do que a árvore em que cresceu.

Com dores foste concebida, [60/61] a volúpia incandescia teu nascimento.[148]

O ar estremeceu com o hino das almas maledicentes, quando o Deus te plantou em meu coração.

O medo ~~era~~ é teu arauto, a dúvida está à tua direita; a decepção, à tua esquerda.

Atrofiamos juntos em nossa ridicularia e irracionalidade quando te vislumbramos, criança mais curiosa e milagrosa.

Nossos olhos se cegaram, e nosso conhecimento se calou quando envolvemos o teu brilho.

Tu, nova centelha do fogo eterno, em que noite, em que lama nasceste![149] Chamas da loucura se erguem em tua direção como fogo de sacrifício –

Gélidas mãos assassinas de aço tentam [61/62] te pegar, e elas se derreterão impotentes em tua brasa.

Misturarão o veneno de pensamentos assassinos em tua comida, e eles mesmos se esvairão com ele.

A beleza voluptuosa e celestial ~~irão~~ se aproximarão de teu leito; a primeira desejará lamber-te aluada, a outra desejará pisotear-te com arrogância! No entanto, impotentes te adorarão e colocarão suas mãos sob teus pés.

---

cresce, é a maior das hortaliças e torna-se uma árvore, de modo que em seus ramos os passarinhos vêm fazer ninhos'".

146 No LN, "com [...] anos" foi substituído por "ao qual estava submissa a terra" (p. 148).

147 No LN, essas linhas são introduzidas por: "Quando assim falei, apareceu de repente o espírito da profundeza, encheu-me de tortura e névoa e falou com voz forte estas palavras" (p. 149).

148 Cf. Sl 51,5: "Eis que fui moldado em iniquidade, e em pecado minha mãe me concebeu". LN diz: "Conceberás com dores, e alegria é teu nascimento" (p. 149).

149 O restante desse parágrafo e os três parágrafos seguintes não foram reproduzidos no LN.

Tu obrigarás teus crentes a orações verídicas, e, para a tua honra, terão que falar em línguas, que lhe são uma abominação.[150]

Tu virás sobre eles na hora de sua vergonha e humilhação e tu lhes serás revelada naquilo [62/63] que eles odeiam, temem e abominam.

[151]Reconhecerão, ó criança, teu rosto nas poderosas caretas de animais no fundo ~~xx~~ mais oculto da nossa alma.

Ouvirão tua voz, o curioso som melodioso no aterrador gaguejar do vislumbrado, daquele que foi rejeitado e amaldiçoado como inútil.

Sentirão teu reino com as mãos, que <u>adoravam</u> também diante da mais profunda adversidade e cujo anseio os fez atravessar ~~também~~ a correnteza do mal.

Dás as tuas dádivas àqueles que rezam a ti com dúvida e terror, e tua luz brilhará para aqueles cujos joelhos são obrigados a se dobrar de má vontade e cheios de indignação. [63/64]

Ah Tua vida está com aquele que supera a si mesmo e que negou diante de si mesmo a sua superação.[152]

Ah, eu sei! A salvação da graça só é dada àquele que acredita no altíssimo e que se trai a si mesmo sem lealdade por trinta moedas de prata.[153]

Para o teu grande banquete são convidados aqueles que sujaram suas mãos <u>puras</u>, que trocaram seu <u>melhor</u> conhecimento pelo equívoco e que extraíram suas virtudes de um covil de assassinos.

A estrela de teu nascimento é uma estrela vagante e mutante.

Estes, ó criança do que virá, são os milagres que testificarão que tu és um verdadeiro Deus. [64/65]

[154]Minh'alma, tu quiseste que eu professasse e anotasse estas palavras. Eu não sabia que guardavas tais segredos. Admiro-me. Tu és um enigma incrível. Mas de que adianta minha admiração?

---

150 Em Marcos 16,17 Cristo diz que aqueles que creem falarão em línguas novas. A questão de falar em línguas é discutida em 1 Coríntios 14 e é central ao movimento pentecostal.

151 O parágrafo seguinte não foi reproduzido no *LN*.

152 O tema da autossuperação é importante na obra de Nietzsche. Em *Assim falava Zaratustra*, ele escreve: "Eu vos ensino o Além-Homem. O homem é algo que deve ser superado. Que fizestes para superá-lo? Até agora todos os seres criaram alguma coisa que os ultrapassou; <u>quereis ser o refluxo dessa grande maré e retornar ao animal, em vez de superar o homem</u> ([sublinhado como no exemplar de Jung] "Prólogo de Zaratustra III", p. 18. Petrópolis: Vozes, 2014). Para a discussão de Jung desse tema em Nietzsche (cf. ZS, vol. 2, p. 1.502-1.508).

153 Judas traiu Cristo por trinta moedas de prata (Mateus 26,14-16).

154 O parágrafo seguinte não foi reproduzido no *LN*.

21.XII.13[155]

Por mais que eu resista, é necessário que eu retorne para a profundeza, para o lugar do tormento. Tudo me aponta para isso. Não <u>devo</u> me importar com o que trarei de lá. Sei por que tenho medo miserável − as noites insones, a dilaceração do próprio coração − é isso que me assusta. É quase uma repugnância física que me detém. Mesmo assim, é necessário. Ah, toda a escuridão, névoas negras me cercam − percebo − ai, já estou deitado em negra profundeza, apoiado em uma pedra − pedregulho rochoso ao meu redor − um homem velho,[156] [65/66] à esquerda, à minha frente, com barba grisalha em roupa oriental[157] − provavelmente um velho profeta. Sua destra está estendida, como se estivesse ensinando − aos seus pés, uma grande serpente negra (obedeço − nenhuma resistência).[158] Ao fundo, do prédio sustentado por colunas, sai uma linda moça − a filha do velho − ela se coloca ao lado do velho − ela é cega? Olho surpreso e me levanto − ela toma minha mão − vamos até a casa ~~de alt~~ ao pé de altas escarpas.[159] Atrás de nós, segue a serpente − no interior, um monumento indeterminado − um tapete num saguão sombrio; numa mesinha preta, [66/67] um cristal claro cor de água do tamanho de um punho, que me atrai.[160] Ele irradia luzes coloridas. (Agora fica difícil.) Uma grinalda de raios coloridos envolve todo meu campo de visão − nele, Eva sob a árvore, a serpente −[161] Agora um mar maravilhosamente preto-azul, costa rochosa − passa um navio com velas vermelhas − Odisseu e seus companheiros[162] − (terrível, mas ele precisa) − no fundo, a imagem de um cartaz, um velho com uma criança − (repugnante − sobreviveu). Olho para dentro do saguão, objetos reluzentes, armas? Pedras preciosas? nas paredes − no fundo, um jardim maravilhoso com luz de sol brilhante[,] − saímos − arbustos floridos de romã − um poço umbroso. [67/68] O velho diz:

"Conheces minha terra?"[163]

---

155 Domingo. *Líber Prímus*, cap. 9, "Mysterium. Encontro" (*LN*, p. 157).

156 O precedente foi substituído no *LN* por "Na noite em que meditei sobre a natureza de Deus, veio-me à mente uma imagem".

157 A descrição física não foi reproduzida no *LN*.

158 A cláusula precedente não foi reproduzida no *LN*.

159 No *LN*, o homem velho acena para ele, e ele o segue para o interior da casa.

160 A oração seguinte e a primeira cláusula da oração seguinte não foram reproduzidas no *LN*.

161 As duas cláusulas seguintes não foram reproduzidas no *LN*.

162 No lugar do restante do parágrafo, *LN* diz: "De repente, abriu-se à direita uma porta para um jardim pelo sol. Saímos, e o velho me falou" (p. 157).

163 Em vez disso, *LN* diz: "Sabes onde estás?" (ibid.).

Sou um estranho, e tudo me parece estranho, receoso como um sonho. Posso perguntar-te quem és?

"Sou Elias,[164] e esta é a minha filha Salomé".

A filha de Herodes[165], a mulher sanguinária?

"Por que julgas tão rudemente? Vês que ela é cega – e minha filha, a filha do profeta".

Qual milagre vos uniu?

"Nenhum milagre. Foi assim desde os primórdios. Minha sabedoria e minha filha são um".

Estou estarrecido e não consigo [68/69] compreender.

"Pensa.[166] Elias, o profeta, e Salomé, a dançarina infame e assassina – a cegueira dela fez de nós companheiros eternos, fez de nós pai e filha".

Perdoa minha surpresa. Creio estar no submundo?

"Esta é a casa dos sonhos, ou: melhor não dar um nome a ela".[167]

Salomé (voltada para mim): "Tu me amas?"

(Eu me assusto, todo sangue se concentra no coração.)[168]

Como posso te amar? Como podes perguntar? Vejo uma única coisa; és Salomé, um tigre, e tens o sangue do santo em tuas mãos. Como poderia te amar? [69/70]

"Tu me amarás".

---

164 Elias era um dos profetas do Antigo Testamento. Ele aparece pela primeira vez em 1 Reis 17, trazendo uma mensagem de Deus para Acab, o rei de Israel. Em 1953, o frade carmelita Père Bruno escreveu para Jung perguntando como se estabelecia a existência de um arquétipo. Jung respondeu tomando Elias como exemplo, descrevendo-o como um personagem altamente mítico, o que não impediu que, provavelmente, fosse uma figura histórica. Reunindo descrições de Elias ao longo da história, Jung o descreveu como um "arquétipo vivo", que representa o inconsciente coletivo e o Si-mesmo. Ele observou que tal arquétipo constelado gerou novas formas de assimilação e representava uma compensação por parte do inconsciente (OC 18/2, § 1518-1531).

165 Salomé era a filha de Herodíades e enteada do rei Herodes. Em Mateus 14 e Marcos 6, João Batista diz ao rei Herodes que é contra a lei ele estar casado com a esposa de seu irmão, e Herodes o joga na prisão. Salomé (que não é identificada, mas simplesmente chamada a filha de Herodíades), dança na presença de Herodes em seu aniversário, e ele lhe promete dar tudo que ela desejar. Ela exige a cabeça de João Batista, que então é degolado. No final do século XIX, a figura de Salomé fascinou pintores e escritores, inclusive Guillaume Apollinaire, Gustave Flaubert, Stéphane Mallarmé, Gustave Moreau, Oscar Wilde e Franz von Stuck, aparecendo em muitas obras. Cf. DIJKSTRA, B. *Idols of Perversity*: Fantasies of Feminine Evil in Fin-de-Siècle Culture. Nova York: Oxford University Press, 1986, p. 379-398.

166 As duas primeiras e a última cláusula dessa oração não foram reproduzidas no *LN* (p. 158).

167 Essa oração não foi reproduzida no *LN*.

168 Essa oração não foi reproduzida no *LN*.

(O pavor me agarra pela garganta.)[169]

Eu, amar-te? Quem te dá o direito a tais pensamentos?

"Eu te amo".

Larga de mim. Tu me apavoras, besta.

"Estás sendo injusto comigo. Elias é meu pai, e ele conhece os mais profundos mistérios, as paredes de sua casa são de pedras preciosas, seus poços contêm águas curativas, e seu olho profundo vê as coisas futuras − o que tu não darias por um único olhar de relance das coisas infinitas do vindouro? Elas não te valeriam um pecado?"

Terrível é a tua tentação. [70/71] Desejo estar de volta no mundo superior, aqui é horrível. Como é abafado e pesado este ar.

Eu olho para Elias. Sobrancelhas poderosas encobrem seus olhos. Ele diz:[170]

"O que queres? Tens a escolha".

Mas eu não pertenço aos mortos, vivo à luz do dia. Por que devo torturar-me aqui no submundo por causa de Salomé, quando tenho o suficiente a suportar na minha própria vida?

"Tu ouviste o que Salomé ~~falou~~ disse".

Eu ainda não consigo me recuperar da minha perplexidade diante do fato de que tu, o velho profeta, consegues reconhecê-la como filha e companheira. Ela não foi gerada de semente celerada? Não ~~tinha~~ era ela ganância vã e luxúria perversa?[171] [71/72]

"Mas ela amava um santo −".

E derramou ignominiosamente o seu precioso sangue.

"Não me interrompe, meu filho;[172] ela amava o santo profeta de Deus que anunciava ao seu mundo o novo Deus. Ela o amava − tu entendes isso? Pois ela é a minha filha".

Acreditas que, por ser tua filha, ela amava João, o profeta, o pai? Eu te entendo corretamente?

"Em seu amor tu a reconhecerás".

Mas <u>como</u> ela o ama?! Chamas isto de amor?

"Que mais teria sido?!"

---

169 Essa oração não foi reproduzida no *LN*.

170 Esse parágrafo não foi reproduzido no *LN*.

171 No lugar de "perversa", *LN* diz "criminosa" (ibid.).

172 A oração precedente não foi reproduzida no *LN*.

Mas apavoro-me, pois quem não se apavoraria se Salomé [72/73] o amasse?

"És um covarde? Ademais – eu e minha filha – somos um desde eternidades".

Tu me apresentas enigmas cruéis. Como seria possível que esta mulher ímpia e tu, o profeta de teu Deus, fossem um?

"Por que te admiras? Pois vês que estamos juntos".

O que vejo com meus próprios olhos, justamente isto me é inconcebível. Tu, Elias, que és um profeta, a boca de Deus, e ela, um monstro sanguinário e lascivo[173] – vós sois os símbolos de extremas oposições.

"Nós estamos e realmente juntos e não somos símbolos. Somos reais e estamos juntos".[174] [73/74]

A serpente negra sobe pelo tronco de uma árvore e se esconde entre os galhos.

Tudo fica sombrio, duvidoso. Elias e Salomé se levantam,[175] ele a guia pela mão. Eu permaneço, indeciso. Elias vai à frente e me chama com um gesto da mão, e eles voltam para o saguão. O cristal brilha fraco. Volto a pensar na imagem de Odisseu, como ele passou pelo rochedo das sereias em suas longas errâncias. Devo? Não devo?

Elias e Salomé se calam. Passamos pelas colunas na entrada.[176] A dúvida dilacera meu coração. Não sei. Tudo é tão irreal, mesmo assim, fica para trás um pedaço do meu anseio. Retornarei? Reencontrarei [74/75] o caminho para a casa deste enigma? O caminho que nunca procurei e nunca esperei?[177] Ouço música selvagem – o tamborim – uma noite de lua abafada – então a cabeça sangrenta e estarrecida do santo[178] – sou tomado de medo – corro para fora, noite escura me envolve. Encontro-me entre rochas, à distância, o barulho de um rio sobre rochedos[179] – quem assassinou o herói? É por isso que Salomé me ama? Eu a amo, e foi por isso que assassinei o herói? Ela é um com o profeta, um com João, um também comigo? Ai, foi ela a mão de Deus?

---

173 Esse adjetivo não foi reproduzido no *LN*.

174 No lugar desse parágrafo, *LN* diz: "Nós somos reais, e não um símbolo" (p. 159).

175 Apenas Elias é mencionado aqui no *LN*.

176 As duas últimas orações não foram reproduzidas no *LN*.

177 As duas últimas orações não foram reproduzidas no *LN*.

178 Ou seja, a cabeça de João Batista.

179 As duas cláusulas precedentes não foram reproduzidas no *LN*.

Eu não a amo, eu a temo, meus joelhos tremem.[180]
Uma voz[181] diz: "Nisto reconheces a força divina dela".
Devo amar Salomé?[182] [75/76]

---

180 A oração precedente não foi reproduzida no *LN*.
181 No *LN*, a voz é identificada como o espírito das profundezas (p. 159).
182 Para o comentário de Jung sobre esse registro, cf. *LN* p. 160-164. No seminário de 1925, Jung contou: "Eu usei a mesma técnica da descida, mas desta vez fui muito mais fundo. Na primeira vez eu poderia dizer que cheguei a uma profundidade de cerca de mil pés, mas desta vez foi uma profundidade cósmica. Foi como ir até à lua, ou como o sentimento de uma descida num espaço vazio. Primeiro a imagem era de uma cratera, ou de uma cadeia de montanhas, e minha associação de sentimentos era a de um morto, como se eu fosse uma vítima. Era o humor da terra do futuro. Pude ver duas pessoas, um velho de barba branca e uma jovem muito bonita. Supus que elas eram reais e ouvi o que estavam dizendo. O velho disse que era Elias e eu fiquei muito chocado, mas ela era ainda mais perturbadora porque era Salomé. Eu disse para mim mesmo que havia uma estranha mistura: Salomé e Elias, mas Elias assegurou-me que ele e Salomé estiveram juntos desde a eternidade. Também isto me deixou perturbado. Com eles estava uma serpente negra que tinha uma atração por mim. Agarrei-me a Elias como sendo o mais razoável do grupo, porque parecia ter uma mente. Eu tinha as maiores dúvidas a respeito de Salomé. Tivemos uma longa conversa então, mas eu não a entendi. Naturalmente pensei que o fato de meu pai ser um ministro era a explicação para eu ver figuras como esta. O que dizer então deste velho? Salomé não devia ser tocada. Só muito mais tarde é que considerei a associação dela com Elias inteiramente natural. Sempre que empreendemos jornadas como esta encontramos uma jovem com um velho" (*Seminários sobre Psicologia Analítica (1925)*, p. 104-105). Então Jung se refere a exemplos desse padrão na obra de Herman Melville, Gustav Meyrink e Rider Haggard, na lenda gnóstica de Simão Mago (cf. o *Livro 6*, nota 214), em Kundry e Klingsor do *Parsifal*, de Wagner (cf. o *Livro 4*, p. 218-220.), e em *Hypnerotomachia*, de Francesco Colonna. Em *Memórias*, ele observou: "Salomé é uma figuração da *Anima*. É cega, pois não vê o sentido das coisas. Elias é a figuração do profeta velho e sábio: representa o elemento do conhecimento, e Salomé, o elemento erótico. Poder-se--ia dizer que esses dois personagens encarnam o Logos e o Eros. Mas tal definição já é intelectual demais. É mais significativo deixar que esses personagens sejam, primeiro, o que então me pareceram ser, isto é, expressões de processos que se desenrolavam no fundo do inconsciente" (p. 188). Sobre Salomé, ele disse: "Salomé é uma figura da *anima*, cega porque, embora ligue o consciente e o inconsciente, ela não vê o funcionamento do inconsciente. Elias é a personificação do elemento cognitivo, Salomé do erótico. Elias é a figura do antigo profeta cheio de sabedoria. Poderíamos falar destas duas figuras como personificações do Logos e do Eros, adaptadas de maneira muito específica. Isto é prático para o jogo intelectual; mas, como Logos e Eros são termos puramente especulativos, não científicos em nenhum sentido, mas irracionais, é muito melhor deixar as figuras como são, a saber, como acontecimentos, experiências" (*Seminários sobre Psicologia Analítica (1925)*, p. 129-130). Em 1955-1956, Jung escreveu: "Partindo de considerações puramente psicológicas, tentei em diversos outros lugares caracterizar a consciência masculina por meio do conceito de *Logos* e a feminina pelo de *Eros*. Nessa tarefa procurei entender por 'Logos' o distinguir, o julgar, o reconhecer, e por 'Eros' o colocar-em-relação" (*Mysterium Coniunctionis*, OC 14/1, § 218). Para a leitura de Elias e Salomé por Jung em termos de *logos* e *eros*, respectivamente, cf. *LN*, apêndice B, "Comentários" (p. 497ss.).

22.XII.13[183]

[184]O que eu escreverei? Tudo está escuro à minha frente. Nenhum contorno, nada claro, nada escuro. É o portão das trevas. Quem por ele passar deverá tatear o mais próximo, deve sentir seu caminho de pedra em pedra. Nenhum pensamento claro vai ao seu encontro, todos precisam ser apalpados, o precioso e o inútil devem ser abraçados com amor igual, pois neste mundo do sombrio os nossos valores estão suspensos. Uma montanha é um nada minúsculo, e um grão de areia contém reinos[185] – ~~no mínimo~~ ou não.

---

183 Segunda-feira. Seguem as atas da palestra de Jung de 19 de dezembro de 1913 sobre "A psicologia do inconsciente" à Associação Psicanalítica de Zurique:

Para os primitivos, existe uma relação íntima com a realidade, o que leva a uma grande especificação de percepção, que se expressa em língua através da ausência de conceitos universais. Essa conexão intensa com a realidade se apresenta a nós como concretismo. P. ex., o homem matou um coelho se expressa através de: ele, um, animado, flecha etc. matou coelho. Daí, em vez do conceito homem, uma imagem específica. – Não existe um plural simples; mas, p. ex., na Guiné, um *dualís, trialís, quadralís*. O valor numérico original é obviamente não aritmético, mas místico, é um caráter de qualidade.

Assim, emerge uma imensa complicação de linguagem. Sempre deve haver, p. ex., para animais, as seguintes informações: posição no espaço, distância, direção; p. ex., "mesa" precisa do acréscimo de: não animado, de pé, de madeira; p. ex., eu como pão – eu "paneio" ou algo semelhante dependendo do tipo de comida.

Esse concretismo impede a emergência de conceitos abstratos por muito tempo. Na linguagem negra, choque é: artéria coronária no estômago se rompe. Raiva: o estômago humano em dor. Tempo: sol andante. Leite: o caçador não come. Escorpião: homem observa e chora. Tarântula: morde homem, ele vai para casa e conta.

Aqui já podemos ver a interferência do observador subjetivo no objetivo. No desenvolvimento posterior, isso leva à habilidade primitiva de acrescentar qualidades a coisas contra toda experiência e de dar significados arbitrários a símbolos. P. ex., o milho é um veado, igualmente, o veado é uma pena ou nuvens, algodão etc. são penas. O valor psicológico interno possui o mesmo significado como objetivo na realidade. P. ex., cada doença, de acordo com a língua primitiva, é um desejo irrealizado da alma. – Apenas através da participação mística é que algo se torna efetivo. P. ex., veneno não mata por si só, mas apenas o veneno enfeitiçado. – Um sistema psicológico é imposto às coisas. Para os chineses, a estátua morta do marido ainda é capaz de engravidar.

Daí a enorme importância de sonhos, e não há diferença entre sonho e experiência; a origem no subjetivo prevalece sobre o objeto. Existem efeitos causais. Tudo pode ser compreendido como uma consequência do pensamento, que se funde com o ato. Se agíssemos apenas, nada seria feito. É por isso que as cerimônias devem ser feitas de maneira correta. Assim, são cheias de alucinações. O mundo interior se impõe da mesma forma como o mundo exterior; daí, efeitos sobre a natureza através de palavras: p. ex., não: o sol brilha e faz crescer, mas: nosso pai pensa.

Encontrar analogias é, portanto, uma atividade sumamente importante. Basta contar o mito, e o efeito narrado pelo mito acontece. O mito era, originalmente, uma fórmula curadora através do poder da mente. Magia de analogias para alcançar sublimação.

Segue disso que: a mente primitiva conhece duas atividades mentais: reprodução concreta da realidade, 2. o mundo psíquico interior se impõe à realidade. O objetivo é: colocar o espiritual acima das coisas concretas. Permitir que você seja morto pela fé, *i. e.*, ressaltar a importância do espírito.

184 Os quatro parágrafos seguintes não foram reproduzidos no *LN*.

185 Cf. William Blake: "To see a World in a Grain of Sand/And a Heaven in a Wild Flower,/Hold Infinity in the palm of your hand/And Eternity in an hour" [Ver um mundo num grão de areia/e um céu

Precisas despir-te de todo juízo de valor, também de qualquer outro juízo lógico, até mesmo teu gosto deve ser deixado no portão. Despe-te de todo conhecimento e ~~deixa~~ sacrifica sobretudo a presunção, mesmo que ela pareça se apoiar em méritos. [76/77]

Quem por aqui entrar, que entre como um pobre e estúpido, pois aquilo que chamamos conhecimento aqui é chamado desconhecimento; ver é cegueira; ouvir é surdez; sentir é insensibilidade. Atravessa o portão totalmente pobre, miserável, humilde e ignorante. Mas também em tua pobreza, ignorância e humildade, não sê ganancioso e altivo e não espera receber pão nem pedra, antes sê sem desejo ✗ e paixão. Volta toda a tua ira contra ti mesmo, pois apenas tu podes te impedir de ver. O jogo dos mistérios é delicado como ar e fumaça fina, e tu és matéria bruta que, por si só, já é perturbadoramente pesada.

Toda a tua esperança, que é teu mais sublime bem e tua mais sublime habilidade, deixa que vá à frente e te sirva como guia no mundo da escuridão, pois ela é de substância semelhante [77/78] às figurações daquele mundo. Deixa que tua esperança avance para o indeterminável.

---

[186]Já estou lá no fundo daquele lugar ermo em profundeza rochosa, que me parece ser uma cratera gigante. Na distância, grudada à encosta rochosa, veja a casa branca sustentada por colunas.[187] Está muito escuro, nebuloso e noturno.[188]

Vejo, lá longe, Salomé em vestido branco[189] andando para a esquerda ao longo da parede da casa como uma cega. Atrás dela, a serpente negra. Sob o portal, o velho; ele acena para mim de longe. Hesitante, eu me aproximo. Ele chama Salomé de volta, ela se aproxima dele e se apoia nele.[190] Ela é como uma sofredora. Nada descubro nela que lembrasse o seu sacrilégio. [78/79] Suas mãos são brancas, e seu rosto é de expressão meiga.

---

     numa flor selvagem/segurar o infinito na palma da tua mão/e a eternidade numa hora] (*Auguries of Innocence*).

186 *Líber Prímus*, cap. 10, "Instrução" (*LN*, p. 165ss.). *LN* possui um acréscimo: "Na noite seguinte, fui conduzido a uma segunda imagem" (p. 165).

187 No lugar da oração precedente, *LN* tem: "Diante de mim, vejo a casa cheia de colunatas" (ibid.).

188 A oração precedente não foi reproduzida no *LN*.

189 Os detalhes do vestido de Salomé não foram informados no *LN*.

190 As duas cláusulas precedentes não foram reproduzidas no *LN*.

Aos pés dos dois, a serpente, deitada. Estou na frente deles, desajeitado, inseguro como um garoto tolo.[191]

"Aqui estou novamente", quero dizer. Mas as palavras ficam entaladas na garganta. Tudo é tão terrivelmente incerto e ambíguo.[192]

O velho me observa perquiridor:

"O que queres aqui?", pergunta ele com voz rígida.[193]

"Perdoa-me, não é minha impertinência ou presunção que me traz aqui. Estou aqui como que por acaso, sem saber o que quero. No entanto, confesso que um anseio me trouxe para cá, um anseio que, ontem, ficou em tua casa.["]

Vejo como Salomé, com um sorriso silencioso, levanta seu rosto para o velho. Sua aparência [79/80] é silenciosa felicidade. Sim – esta é a aparência. Mas – não é ela Salomé?[194]

Vê, profeta, estou cansado, minha cabeça pesa como chumbo. Estou perdido em minha ignorância. Já brinquei o bastante comigo mesmo; foram brincadeiras hipócritas que fiz comigo mesmo, e todas elas teriam se transformado em nojo para mim se não fosse esperto brincar no mundo das pessoas como os outros esperam. Parece-me que aqui sou real. Mesmo assim, não amo estar aqui, acredito até que resisto a isso.[195]

Sem palavras, Elias e Salomé entram na casa. Sigo relutante – é a consciência pesada? Quero dar meia-volta. Mas sinto que devo.

O saguão é sombrio. Lá está o [80/81] cristal que brilha. Devo colocar-me diante dele e olhar para seu jogo ardente.[196] Vejo numa guirlanda de chamas a Mãe de Deus com a criança, como uma velha pintura. À esquerda, acima dela, Pedro, que se curva.[197] Pedro sozinho com as chaves – o papa com tríplice coroa em audiência festiva[198] – um Buda sentado aparece no círculo de fogo – agora uma Kali de muitos braços[199] – aquela deidade sangrenta – agora, a própria Salomé com mãos desesperadamente cerradas[200] – agora aquela branca figura

---

191 *LN* continua: "dominado pela indecisão e ambiguidade" (p. 165).
192 Esse parágrafo não foi reproduzido no *LN*.
193 O tom de Elias não é descrito no *LN*.
194 O parágrafo precedente não foi reproduzido no *LN*.
195 A última oração não foi reproduzida no *LN*.
196 As três últimas orações não foram reproduzidas no *LN*.
197 No *LN*, Pedro é descrito como "em adoração" (p. 166).
198 A audiência não é mencionada no *LN*. O papa era Pio X (1835-1914).
199 *LN* diz "Deusa" (p. 166).
200 O restante desse parágrafo não foi reproduzido no *LN*.

de menina com o cabelo preto – minha própria alma – e agora aquela figura branca de homem, que, na época, também me apareceu – ela é como o Moisés sentado de Michelangelo[201] – é Elias.

Elias e Salomé estão diante de mim, de verdade, ela sorri em silêncio. [81/82]

Esse olhar é torturante, e o sentido dessas imagens permanece escuro. Elias, eu te peço, dá luz.

Elias acena em silêncio e segue pela esquerda. Salomé caminha por um corredor de colunas à direita. Sigo Elias até um quarto ainda mais escuro. Nas paredes, o que parecem ser estantes de livros. Do teto pende uma lanterna de luz avermelhada. Exausto, sento-me numa cadeira de braços. Elias está diante de mim, apoiado num leão de mármore. Atrás dele, pequenos e sombrios vidros de janela azuis e vermelhos.[202]

Ele diz:

"Estás temeroso? Por que tens medo?[203] Tua ignorância é culpada por tua má consciência. O não saber age como culpa. Tu acreditas que o anseio por conhecimento proibido [82/83] é a língua primordial de teu sentimento de culpa. Tu te enganas, mas especialmente sobre ti mesmo. Por que achas que estás aqui?"

Eu não sei. Eu afundei neste lugar quando, ignorante, ansiava pelo não sabido. Assim, estou aqui, surpreso e perdido, como um tolo ignorante. Descubro coisas estranhas em tua casa, coisas que me assustam, e não sei o que significam.[204]

"Então ouve: Se não fosse tua lei estar aqui, como estarias aqui?"

Sou acometido de fraqueza fatal, meu pai –

"Tu te esquivas. Não podes fugir de tua lei."

---

201 O Moisés de Michelangelo se encontra na Igreja de São Pedro Acorrentado [San Pietro in Vincoli], em Roma. Foi o tema de um estudo de Freud, que foi publicado em 1914 (*The Standard Edition of the Complete Psychological Works of Sigmund Freud*. 24 vols. Londres: The Hogarth Press and the Institute of Psychoanalysis, 1953-1974, vol. 13 [org. James Strachey em colaboração com Anna Freud, com a assistência de Alix Strachey e Alan Tyson, trad. J. Strachey]). O pronome na terceira pessoa *"es"* identifica Salomé com Kali, cujas muitas mãos se esfregam uma na outra. Em um comentário na segunda camada do *Esboço Corrigido*, Jung observou: "No fato de eu receber a ideia e de representá-la à maneira de Buda, meu prazer é igual à Kali indiana, já que ela é o outro lado de Buda. Kali, porém, é Salomé, e Salomé é minha alma" (p. 109).

202 A oração precedente não foi reproduzida no *LN*.

203 A oração precedente não foi reproduzida no *LN*.

204 No *LN*, a última metade dessa oração é: "e cujo significado desconheço" (p. 166).

O que dizes? Como posso fugir daquilo que desconheço, daquilo [83/84] que não posso alcançar com sentimento nem pressentimento?

"Tu mentes – não sabes que tu mesmo reconheceste o que significa Salomé te amar?"

Tens razão. Por um instante, um pensamento duvidoso e incerto surgiu dentro de mim, mas voltei a esquecê-lo.

"Tu não o esqueceste. Ele ardia nas profundezas do teu íntimo. Mas tu tens medo da megalomania.[205] És tão covarde? Ou não consegues discernir este pensamento de ti mesmo, de tua humanidade, de modo que querias reivindicá--lo para ti mesmo?"

O pensamento ia longe demais para mim, e eu temo ideias que voam longe. Elas são perigosas, pois [84/85] também sou um ser humano, e tu sabes o quanto as pessoas estão acostumadas a ver pensamentos como propriedade sua, como seu mais íntimo, de modo que finalmente os confundem consigo mesmas.

"Então, pergunto-te, tu te confundirás com uma árvore ou com um animal porque tu os contemplas ou porque eles existem contigo no mesmo mundo? Precisas ser teus pensamentos porque tu estás no mundo dos teus pensamentos? Creio que seja evidente que teus pensamentos são algo muito exterior ao teu ~~espírito~~ Si-mesmo, assim como árvores e animais são exteriores ao teu corpo".[206]

Certamente tens razão sob o teu ponto de vista.[207] No entanto, meu mundo de pensamentos era, para mim, mais palavra do que fato.[208] Eu pensava que ~~eu~~ meu mundo de pensamentos era eu.

"Assim, sem que tu o visses, tu te tornaste presa de tua megalomania. [85/86] Tu dizes ao teu mundo das pessoas, a cada eu e a cada ser exterior a ti: Este é meu Eu ou meu corpo?[209]

Entrei em tua casa, meu pai, com o sentimento de ser repreendido como um garoto na escola. Mas tu me ensinas uma sabedoria salutar: posso contemplar

---

205 A oração precedente não foi reproduzida no *LN*.

206 Jung mencionou essa conversa no seminário de 1925 e comentou: "Só então aprendi a objetividade psicológica. Só então pude dizer a um paciente: 'Fique tranquilo, algo está acontecendo'. *Existem* coisas como ratos numa casa. Você não pode dizer que está errado quando tem um pensamento. Para compreender o inconsciente precisamos ver nossos pensamentos como acontecimentos, como fenômenos" (*Seminários sobre Psicología Analítica* (1925), p. 135).

207 A oração precedente não foi reproduzida no *LN*.

208 *LN* diz "do que mundo" (p. 167).

209 Em vez disso, *LN* diz: "Dizes a teu mundo humano e a cada ser fora de ti: tu és eu?" (p. 167).

um pensamento também como sendo fora de mim. Isso me ajuda a retornar àquela conclusão assustadora que minha língua hesita expressar.

Eu pensava que Salomé me ama porque eu sou semelhante a João ou a ti. Esse pensamento me pareceu ousado demais[210] e pouco crível. Por isso, eu o descartei e pensei que talvez ela me amasse justamente porque sou teu oposto, [86/87] isto é, que ela amasse o ruim dela em meu ruim. Esse pensamento era avassalador.

O velho permanece em silêncio por muito tempo. Um fardo sombrio pesa sobre mim. De [r]epente, Salomé entra na sala e coloca seu braço em meus ombros. Ela deve acreditar que sou seu pai, em cuja cadeira pareço estar sentado. Não ouso falar nem me mexer.

Ela diz: "Eu sei, não és meu pai. Tu és filho para mim, e eu sou tua irmã".

Tu, Salomé, minha irmã? Era este o teu encanto terrível que exalavas, aquele pavor sem medida de ti, de teu toque? Quem foi nossa mãe?

"Maria".

É um sonho infernal, Salomé, Elias?[211] Maria, nossa mãe? Que loucura espreita em tuas palavras? A mãe do nosso Salvador – a nossa mãe? [87/88]

Hoje, quando ultrapassei vosso limiar, eu intuía calamidade – ai, aconteceu. A dúvida dilacera meu coração.[212] Estás fora de ti, Salomé? Tu, Elias, guardião do direito divino, dize-me: é uma magia diabólica dos rejeitados? Como ela pode dizer tal coisa? Ou estão os dois fora de si? Eu estou fora de mim?[213]

Vós sois símbolos, e Maria é um símbolo – estou apenas confuso demais para vos compreender agora.

O velho diz: ⸮

["]Tu ousas chamar-nos símbolos com o mesmo direito com que podes chamar símbolos os teus próximos, [88/89] se assim o quiseres. No entanto, <u>existimos</u> e somos tão reais quanto teus próximos. Mas tu não invalidas nada e solucionas nada se tu também x̶x̶ nos chamares x̶x̶ símbolos".

Tu me lanças numa confusão terrível. Pretendeis ser realidades?[214]

O velho sorri:

---

210 Esse adjetivo não foi reproduzido no *LN*.
211 Os nomes de Salomé e Elias não foram reproduzidos no *LN*.
212 A oração precedente não foi reproduzida no *LN*.
213 A oração precedente não foi reproduzida no *LN*.
214 *LN* diz "reais?" (p. 168).

"Certamente somos o que chamas realidades.[215] Aqui estamos, e deves aceitar — tens a escolha".

Permaneço em silêncio, sentado. Salomé se afastou de mim. No fundo da sala, arde uma chama alta, vermelha e amarela, num pequeno e redondo altar de mármore. A serpente deitou-se num círculo em torno da chama. Seus olhos [89/90] cintilam em reflexo amarelado. Balanceando, volto-me para a saída. À minha frente, um leão enorme atravessa lentamente o saguão.[216] Eu olho sem pavor. Do lado de fora, um poderoso céu estrelado se eleva sobre a selvagem passagem rochosa — frio ar noturno — ouço o barulho da água distante. Tudo é tão real e frio. Lentamente, entro no deserto de rochas, nesse vale de enigmas. De onde vim? Qual era o caminho para este submundo? É realmente o ou um submundo? Ou é a outra realidade? Parecem existir aqui realidades imperiosas. O que me obrigou a vir aqui senão estas outras realidades? Aparentemente, elas são superiores a mim de alguma forma, pois eu nada sabia [90/91] delas, mas elas sabiam de mim e me forçaram, conseguiram me forçar a vir até elas por um caminho que me era desconhecido, que devo ter percorrido inconscientemente.

E já estou aqui novamente, escrevendo o meu livro. Horas se passaram, e estou cansado como que de uma longa viagem. O que eu trouxe comigo? Creio que pareço muito estúpido a essas pessoas.

25.XII.13[217]

Posso talvez desejar ou até querer ~~iss~~ esse amargo dever? Eu não sei, pois tudo é tão sombrio e sumamente misterioso. O mistério deve ser protegido como uma virgem — mas o que estou dizendo? Ele está mais protegido do que um ser humano jamais poderia protegê-lo, pois nenhuma mão humana pode tocá-lo, a não ser que isso [91/92] lhe seja dado. Ninguém pode furtá-lo, ninguém pode roubá-lo com violência.

Apenas para aquele que, pobre e ignorante, persevera à porta, para ele talvez ela se abra.[218]

---

215 *LN* diz "real" (ibid.).

216 Em vez disso, *LN* diz: "Ao passar pelo salão, vi andando à minha frente um enorme leão. Fora era noite fria e estrelada" (p. 168). O restante desse registro não foi reproduzido no *LN*. Para o comentário de Jung sobre o registro, cf. *LN*, p. 168-173.

217 Quinta-feira.

218 No *LN*, os dois parágrafos precedentes foram substituídos por: "Na terceira noite seguinte, fui tomado por um desejo profundo de continuar vivenciando o mistério. Grande era o conflito entre

[219]Estou numa espinha rochosa íngreme em região selvagem. Pedras cinzentas e pontadas – um céu azul. Então vejo, em altura maior, o profeta. Sua mão faz um movimento de recusa, e desisto da minha decisão de subir. Persevero embaixo, olhando para o alto. O manto do profeta esvoaça ao vento.

Vejo: à sua direita está escuro – noite, à esquerda, dia claro. A espinha rochosa separa dia e noite. A noite é como um grande monstro negro, mas transparente, como uma serpente ou um dragão.[220] [92/93] O dia, porém, contém uma enorme serpente branca (com uma coroa dourada?).[221]

As duas serpentes ~~uma~~ voltam suas ~~ambas~~ cabeças uma para a outra. Elias está entre elas, nas alturas. Orando, o profeta ergue os braços.[222] De repente, as serpentes se lançam sobre a espinha rochosa, e começa uma luta raivosa. Uma parte maior da serpente noturna está do lado do dia.[223] Enormes nuvens de poeira se erguem do campo de batalha e turvam a visão. A serpente noturna se retira. A parte dianteira de seu corpo tornou-se branca. As serpentes se enrolam e desaparecem, uma na luz, a outra no escuro. Elias desce do alto e para a certa distância acima de mim.[224]

Ele me diz: "O que viste?" [93/94]

Vi a luta de duas serpentes enormes, uma branca e a outra negra. Parecia-me que a serpente negra fosse derrotar a branca, mas a negra se retirou, e sua cabeça e a parte dianteira de seu corpo haviam se tornado brancas.

"Tu entendes isso?"

Eu já refleti sobre isso, mas não consigo chegar a uma explicação clara. Significa, talvez, que o poder da luz boa é tão grande que até mesmo a noite, que se opõe a ela, é esclarecida por ela?[225]

---

dúvida e desejo em mim" (p. 173).

219 *Líber Prímus*, cap. 11, "Solução", *LN*, p. 173ss.

220 A oração precedente não foi reproduzida no *LN*.

221 No seminário de 1925, Jung disse: "Algumas noites mais tarde, senti que as coisas iriam continuar; por isso, novamente procurei seguir o mesmo procedimento, mas *ele* não desceu. Permaneci na superfície. Então percebi que eu tinha um conflito dentro de mim a respeito de descer, mas não consegui entender o que era; só senti que dois princípios negros estavam lutando entre si, duas serpentes" (*Seminários sobre Psicologia Analítica (1925)*, p. 135). Então ele contou a fantasia que seguiu. Não há menção à coroa no *LN*.

222 A oração precedente não foi reproduzida no *LN*.

223 As serpentes são descritas apenas como preta e branca no *LN*.

224 A oração precedente não foi reproduzida no *LN*.

225 No seminário de 1925, Jung interpretou esse episódio da seguinte maneira: "luta das duas serpentes: a branca significa um movimento para o dia, a negra um movimento para o reino das trevas, também

"Segue-me".[226]

Elias vai à frente e escala a espinha rochosa. Eu sigo. Subimos até uma altura muito grande. No alto, encontramos ruínas ciclópicas[227] com fendas e buracos escuros. [94/95] Parece ser um pátio ou um castro. Sob as muralhas, salas como cavernas. No centro do pátio, uma poderosa pedra, um enorme bloco de rocha, plano na parte superior.[228] Em cima dele, o profeta.

Ele fala:

"Este é o templo do sol" Este espaço murado é um recipiente que colhe a luz do sol, do Deus.["][229]

Quando Elias desce da pedra, percebo que sua figura ficou muito menor. Ele se transformou em anão, o que me parece estranho.

Eu o pergunto, surpreso: Quem és?

"Eu sou Mime e quero te mostrar as fontes.[230] A luz que este recipiente colhe se transforma em água e ~~corre~~ [95/96] flui para muitas fontes do cume da montanha para os vales da terra["]. Mime vai até uma das aberturas escuras nas paredes do círculo da muralha e mergulha na escuridão. Eu o sigo. ~~Seu~~. No interior, noite negra ~~escura~~. Ouve-se o murmúrio de uma fonte.

Lá de baixo, a voz do anão: "Aqui estão as minhas fontes. Sábio se tornará quem delas beber".

---

com aspectos morais. Havia um conflito real em mim, uma resistência a descer. Minha tendência mais forte era de subir. Já que eu ficara tão impressionado no dia anterior com a crueldade do lugar que tinha visto, tive realmente uma tendência a encontrar um caminho até o consciente subindo, como fiz na montanha [...]. Elias havia dito que embaixo ou em cima era exatamente a mesma coisa. Compare-se com o *Inferno* de Dante. Os gnósticos expressam esta mesma ideia no símbolo dos cones invertidos. Assim, a montanha e a cratera são semelhantes. Não havia nada de estrutura consciente nestas fantasias, elas eram apenas acontecimentos que ocorriam. Por isso suponho que Dante buscou suas ideias nos mesmos arquétipos" (*Seminários sobre Psicologia Analítica (1925)*, p. 136-137). McGuire sugere que Jung está se referindo à concepção de Dante "da forma cônica da cavidade do inferno, com seus círculos, espelhando, ao inverso, a forma do céu com suas esferas" (ibid). Em *Aion*, Jung observou também que as serpentes eram um par típico de opostos e que o conflito entre serpentes era um motivo encontrado na alquimia medieval (OC 9/2, § 181).

226 A oração precedente e a oração seguinte não foram reproduzidas no *LN*.

227 Esse adjetivo não foi reproduzido no *LN*. No seminário de 1925, Jung acrescentou: "Pensei: 'Ah, isso é um lugar sagrado dos druidas'" (*Seminários sobre Psicologia Analítica (1925)*, p. 136).

228 No *LN*, foi acrescentado "como um altar" (p. 174).

229 A última expressão não foi reproduzida no *LN*.

230 No *Anel de Nibelungo*, de Wagner, o anão nibelungo Mime é o irmão de Alberich e um artesão mestre. Alberich roubou o ouro do Reno das virgens do Reno; renunciando ao amor, ele foi capaz de forjar um anel com o ouro que conferia poder ilimitado. Em *Siegfried*, Mime, que vive numa caverna, cria Siegfried para que ele mate Fafner, o gigante, que se transformou num dragão e agora está com o anel. Siegfried mata Fafner com a espada invencível forjada por Mime e mata Mime, que pretendia matá-lo após recuperar o anel.

Porém, não consigo descer[231] e me agarro no alto a uma pedra. Aos poucos acostumo meus olhos à escuridão. Na luz fosco-azulada, vejo o anão ao lado de uma pequena fonte. Mas não consigo descer.

Sinto-me vazio. Lá fora, vejo o sol claro inundar o pátio gigantesco. O anão me parece uma assombração. Tenho a sensação [96/97] de uma alucinação.[232] Em dúvidas, caminho de lá para cá sobre os enormes blocos no pátio, perguntando-me se um fantasma me atraiu para cá ou não.[233] Pois tudo me parece distante e incompreensível. Era Elias, era Mime?[234]

Este lugar é tão solitário e silencioso como a morte. Um ar frio e claro como nas mais altas montanhas – ao redor, uma maravilhosa luz de sol que inunda tudo. Vejo, ao meu redor, a imensa muralha, que forma o horizonte – pináculos recortados. Nas pedras crescem líquens cinzentos e amarelos, de resto, nenhum caule. Qual é o significado deste lugar? Imagino que seja um antigo local de culto druídico.[235]

Uma serpente negra rasteja por sobre as pedras – a serpente do profeta. Como ela chegou aqui do submundo? Eu a sigo com meu olhar e vejo [97/98] como ela rasteja até o muro. Sinto-me estranho. E lá está uma casinha com uma marquise sobre colunas, miúda, colada na rocha, a serpente se torna infinitamente pequena – eu mesmo encolho – os muros crescem e se transformam em enormes cordilheiras, e eu estou no fundo da cratera – no submundo – e estou diante da casa do profeta, que parece ter voltado ao seu tamanho natural.[236]

Aqui embaixo está escuro e noturno, como sempre.

O profeta aparece na porta da casa. Entro com passos rápidos e digo a Elias:

Percebo que me fizeste ver e vivenciar muitas coisas curiosas antes que pudesse vir até a tua casa. Mas confesso que tudo me é sombrio. Hoje, teu mundo se apresenta a mim em nova [98/99] luz. Instantes atrás, parecia-me que estava separado de teu lugar por distâncias estelares, que eu esperava alcançar ainda hoje e, vê! – parece ser o mesmo lugar.

---

231 O restante desse parágrafo não foi reproduzido no *LN*.
232 As três linhas precedentes não foram reproduzidas no *LN*.
233 As três linhas precedentes não foram reproduzidas no *LN*.
234 A linha precedente não foi reproduzida no *LN*.
235 A cláusula precedente não foi reproduzida no *LN*.
236 A última cláusula e as três orações seguintes não foram reproduzidas no *LN*.

"Meu filho, estavas ansioso demais para chegar aqui. Não eu, mas tu mesmo te enganaste. Não vê bem aquele que deseja ver. Ele mede demais. Tu foste longe demais".

É verdade, eu não só desejava, eu ansiava violentamente chegar a ti para ouvir o que tu e Salomé me explicaríeis. Salomé me assustou e me lançou em confusão, tonteei, pois aquilo que ela me disse me parecia incrível e como loucura. Onde está Salomé?

"Como és tempestuoso hoje! O que te assombra? Aproxima-te primeiro do cristal [99/100] e sonda teu coração à sua luz".

Aproximo-me do cristal.[237] Vejo uma colorida guirlanda de fogo diante dos meus olhos: ela encerra um vazio. Sou tomado de medo. Meu pai,[238] vejo um sapato, como aquele que o *Bundschuh* tem em seu brasão − vejo o pé de um gigante, que pisoteia uma cidade inteira[239] − vejo a face do sol − minha própria imagem, ela ri − ai, o que significa isto?[240]

"Continua a contemplar, tu és ganancioso. Controla a tua avidez. Vê, permanece em teu próprio caminho".

Vejo a cruz − o descimento da cruz [,] a lamentação − como é tormentosa essa visão −

Não quero mais.

"É preciso".[241]

Vejo a criança, na mão direita, a serpente branca, na esquerda, a negra. [100/101]

Vejo a montanha verde, sobre ela, a cruz[,] e rios de sangue fluem do cume da montanha.

Não posso mais − é insuportável.

---

237 A oração precedente não foi reproduzida no *LN*.

238 A cláusula precedente não foi reproduzida no *LN*.

239 Em sua entrevista com Gene Nameche, Hermann Mueller, o motorista e faz-tudo de Jung, narra uma conversa com Jung que parece estar ligada a esse episódio: "Certa vez, ele me contou um sonho que teve. Ele disse que tinha sonhado com um 'Bund-Schuh' e perguntou se eu sabia o que era. Então eu lhe disse que era o oposto de um 'Schnallen-Schuh'. (Isso era durante as Guerras dos Camponeses, depois, ou mais corretamente por causa de Lutero). Essa foi a única vez em que me contou um sonho. Em todo caso, ele me perguntou, eu não sei por quê. O 'Bund-Schuh' era um dos partidos na Guerra dos Camponeses. Os 'Schnallen-Schuh' eram os nobres, e as pessoas pobres eram os 'Bund-Schuh'" (Jung Biographical Archive, CLM, p. 95).

240 As três cláusulas precedentes e o parágrafo seguinte não foram reproduzidos no *LN*.

241 A oração precedente não foi reproduzida no *LN*.

"É preciso".[242]

Vejo a cruz e, nela, Cristo em sua última hora e em seu último tormento. A serpente negra se deitou em torno do pé da cruz.

Sinto que, em torno de meus pés, enrolou-se a serpente do profeta, e ela os encerra firmemente. O profeta me olha com olhar flamejante.[243] Estou em [seu] poder e estendo os meus braços como que enfeitiçado. Da direita se aproxima Salomé. — Meu corpo já está todo envolto pela serpente, e parece-me que tenho o rosto de um leão.

Salomé diz:

"Maria era a mãe de Cristo. Entendes agora?"

Vejo que um poder terrível [101/102] e incompreensível me obriga a imitar o Senhor em seu último tormento. Mas como poderia ousar chamar Maria de minha mãe?

"Tu és Cristo."

Estendo os braços como um crucificado, meu corpo está forte e terrivelmente abraçado pela serpente. Elias me olha com olhos flamejantes.[244]

Tu, Salomé, dizes que <u>eu</u> sou Cristo?[245] Tenho a sensação de estar sozinho numa alta montanha com braços estendidos enrijecidos, a serpente aperta meu

---

242 A oração precedente não foi reproduzida no *LN*.

243 A oração precedente não foi reproduzida no *LN*.

244 A oração precedente não foi reproduzida no *LN*.

245 No seminário de 1925, Jung contou que, após a declaração de Salomé de que ele era Cristo: "Apesar de minhas objeções ela manteve o que dissera. Eu disse: 'Isto é uma loucura' e me opus com ceticismo" (*Seminários sobre Psicologia Analítica (1925)*, p. 136). Ele interpretou esse evento da seguinte forma: "A aproximação de Salomé e sua veneração por mim é obviamente aquele lado da função inferior que é cercado por uma aura de maldade. Senti suas insinuações como uma sedução sumamente má. A pessoa é assaltada pelo medo de que isto talvez *seja* loucura. É assim que a loucura começa, isto *é* loucura. [...] Você não pode tomar consciência destes fatos inconscientes sem entregar-se a eles. Se você consegue superar seu medo do inconsciente e permitir-se afundar, então estes fatos assumem uma vida própria. Você pode ser dominado por estas ideias a ponto de ficar realmente louco, ou quase. Estas imagens têm tanta realidade que se recomendam a si mesmas e um significado tão extraordinário que a pessoa fica presa. Elas fazem parte dos mistérios antigos; com efeito, foram estas figuras que fizeram os mistérios. Comparem-se os mistérios de Ísis contados por Apuleio com a iniciação e a deificação do iniciado [...]. O indivíduo adquire um sentimento peculiar pelo fato de passar por tal iniciação. A parte importante que levou à deificação foi o fato de a serpente me envolver. A *performance* de Salomé foi deificação. O rosto de animal em que, conforme senti, o meu rosto se transformou foi o famoso [Deus] Leontocéfalo dos mistérios mitraicos, a figura que é representada com uma serpente enrolada em torno do homem, a cabeça da serpente repousando sobre a cabeça do homem, e o rosto do homem sendo o de um leão [...]. Neste mistério de deificação você se transforma no vaso e você é um vaso de criação no qual os opostos se reconciliam". Ele acrescentou: "Tudo isto é simbolismo mitraico do início ao fim" (ibid., p. 137-139). Em *O asno de ouro*, Lúcio Apuleio passa por uma iniciação nos mistérios de Ísis. O significado desse episódio é que ele é a única descrição direta de tal

corpo em seus terríveis anéis, e meu sangue jorra de meu corpo e desce pelas laterais da montanha.

Mas estou novamente diante do cristal, ainda na mesma postura.[246] Salomé se agacha aos meus pés e os envolve [102/103] com seus cabelos pretos. Por muito tempo, permanece assim, então ela exclama: "Vejo luz". E, realmente, ela vê, seus olhos estão abertos. A serpente cai do meu corpo e, cansada, fica deitada no chão. Eu passo por cima dela e me ajoelho aos pés do profeta, cuja figura inteira brilha fortemente.

Ele diz: "Tua obra aqui está consumada. Virão outras coisas das quais, agora, nada sabes.[247] Mas procura incansavelmente e, sobretudo, escreve fielmente o que vês".

Salomé olha, como que em êxtase, para a luz que irradia do profeta. Elias se transforma em uma chama de luz branca brilhante, e a serpente se deita aos pés da chama. Salomé está ajoelhada diante da luz em maravilhosa devoção. Lágrimas jorram dos meus olhos e saio às pressas para a noite.[248] Meus pés não tocam o chão, esta terra estranha, [103/104] e tenho a sensação de me dissolver no ar.[249]

---

    iniciação que sobreviveu. Sobre o evento em si, Lúcio diz: "Aproximei-me dos limites da morte. Pisei a soleira de Prosérpina, e voltei, trazido através dos elementos. Em plena noite vi brilhar o Sol, com uma luz que cegava. Aproximei-me dos Deuses do inferno, dos Deuses do alto: vi-os face a face e os adorei de perto". Depois disso, ele foi apresentado num púlpito no templo na frente de uma multidão. Ele vestiu roupas que incluíam desenhos de serpentes e leões alados, segurou uma tocha e vestiu uma "coroa de palmas, cujas folhas brilhantes se projetavam para frente como raios" (*O asno de ouro*. Petrópolis: Vozes, 2014, p. 303 e 305 [trad. Inácio Cunha]). O exemplar de Jung de uma tradução para o alemão dessa obra apresenta uma linha na margem ao lado dessa passagem.

246 A oração precedente não foi reproduzida no *LN*.

247 A cláusula precedente não foi reproduzida no *LN*.

248 "como alguém que não tem parte na glória do mistério" foi acrescentado no *LN* (p. 177).

249 Em "Aspectos psicológicos da Core" (1941), Jung descreveu esses episódios da forma seguinte: "Em uma casa subterrânea, ou melhor, no mundo subterrâneo, vive um mago e profeta velhíssimo, com uma 'filha', a qual não é sua filha verdadeira. Esta é dançarina, uma criatura muito flexível, mas está em busca de cura, pois ficou cega" (OC 9/1, § 360). Essa descrição de Elias o conecta com a descrição posterior de Filêmon. Jung observou que isso mostra "a desconhecida como uma figura mítica no além (i. é, no inconsciente). Ela é *soror* ou *filia mystica* de um hierofante ou 'filósofo', portanto, é evidentemente um paralelo em relação àquelas sizígias místicas tais como as encontramos nas figuras de Simão Mago e Helena, Zósimo e Teosébia, Comário e Cleópatra etc. Nossa figura onírica é mais próxima à de Helena" (ibid., § 372). Para o comentário de Jung sobre esse registro, cf. *LN*, p. 177-185.

Estou de volta. Algo se completou. Parece-me que trouxe comigo uma certeza – e uma esperança.[250]

———

26.XII.13[251]

"Pensativo, ouço o sopro do amor;
O que ele me dita, eu percebo
E o anoto, imaginando nada por mim mesmo".
Dante, Purgatório – canto 24, 52ss.

———

"E igual à chama, que vai
Para onde quer que sigam as trilhas do fogo,
A forma segue para onde o espírito a carrega".
Dante – canto 25, ✗ 97ss.[252]

———

[104/105] Esta noite começa com a sensação do não saber e do não poder. Apenas a expectativa vigia e olha como que de uma torre alta, que domina toda a terra.[253]

———

Estou no topo de uma alta torre. O horizonte se estende longe. Um céu nublado cinzento encobre a terra. Sou completa expectativa.[254] No limite extremo da terra descubro um ponto vermelho. Ele se aproxima por uma

---

250 O parágrafo precedente não foi reproduzido no *LN*. Essa seção demarca o fim dos registros que foram compilados naquilo que veio a ser a base do *Liber Primus*.

251 Sexta-feira.

252 Jung citou a tradução alemã de Rudolf Pfleiderer. Ele possuía uma edição em dois volumes (Stuttgart: Karl Keim, 1871-1872).

253 *Liber Secundus*, cap. 1, "O Vermelho" (*LN*, p. 190ss.). No lugar desse parágrafo, *LN* diz: "A porta do mistério está trancada atrás de mim. Sinto que minha vontade está paralisada, e que o espírito da profundeza me possui. Nada sei sobre um caminho. Por isso não posso querer isto ou aquilo, pois nada me indica se é isto ou aquilo que quero. Eu espero, sem saber o que eu espero. Mas já na noite seguinte senti que havia alcançado um ponto seguro" (p. 190).

254 As três orações precedentes não foram reproduzidas no *LN*, que acrescenta: "Eu o percebo pelo ar: estou bem afastado no tempo" (ibid.).

estrada tortuosa, por vezes, desaparece em florestas, reaparece – um cavaleiro em manto vermelho, um cavaleiro vermelho – o cavaleiro vermelho?[255]

Estou num castelo em rocha escarpada – uma atmosfera medieval.[256] Parece-me que visto uma roupa verde. Uma corneta poderosa pende do meu ombro. O cavaleiro vermelho se aproxima do castelo.[257] [105/106] Devo tocar a corneta? Hesito – mas eu toco. Um som de corneta retumbante. Lá no fundo, muitas pessoas saem correndo das portas – elas abrem o portão. O rubro entra e salta do cavalo. Olho fixamente para baixo. Algo assustador parece chegar com ele. Eu recuo para o aposento da torre e preciso olhar para a porta. É como se o rubro viesse por mim – um hóspede do castelo talvez – por que ele deve subir para onde estou?

Ouço passos na escada – os degraus estalam – alguém bate à porta – tremo e abro a porta. Aí está o Vermelho. Uma figura alta, toda em vermelho, até seu cabelo é ruivo. Penso, no fim, é o diabo.

Ele diz: "Eu te saúdo, homem [106/107] em alta torre. Vi de longe como vigiaste e esperaste. Tua expectativa me chamou."

Quem és?

"Quem sou? Acreditas que sou o diabo. Não julga. Talvez também consigas conversar comigo, mesmo sem saber quem eu sou. Que camarada supersticioso és tu, que logo pensas no diabo?"

Se não possuis uma habilidade sobrenatural, como pudeste sentir que eu estive no alto da minha torre em expectativa? à procura do novo e desconhecido? Nossa vida no castelo é pobre, e minha vida ainda mais,[258] pois sempre estou sentado aqui no alto e ninguém sobe até aqui.

"Então, o que esperas?"

Espero muitas coisas e espero sobretudo que algo da riqueza do mundo que não vemos [107/108] venha até mim.

---

255   A referência ao "cavaleiro vermelho" não estava no *LN*. É, possivelmente, uma alusão ao cavaleiro vermelho na lenda do Graal, o arqui-inimigo de Artur, que foi morto por Parcival. Em seu estudo da lenda do Graal, Emma Jung e Marie-Louise von Franz interpretaram essa figura como "sombra" de Parcival e como a "primeira manifestação de [sua] futura integridade interior" (*The Grail Legend*, trad. Andrea Dykes [Princeton: Princeton University Press, 1998], p. 56-57).

256   A cláusula precedente não foi reproduzida no *LN*.

257   O restante desse parágrafo não foi reproduzido no *LN*.

258   A cláusula precedente não foi reproduzida no *LN*.

"Então, creio que és o lugar onde devo estar. Há muito tempo, vagueio por todas as terras e procuro aqueles que, como tu, estão sentados numa alta torre e procuram coisas não vistas".

Tu me deixas curioso. Pareces ser de espécie rara. E também a tua aparência não é comum. Também – perdoa-me – tenho a sensação de que trazes uma atmosfera estranha, algo mundano, atrevido ou viçoso ou – se queres que o designe claramente – algo pagão.

O estranho ri com complacência:[259] "Tu não me ofendes, pelo contrário, acertas em cheio. Mas não sou um velho pagão, como aparentas crer".

Não é o que quis insinuar. [108/109] Para isso, não és suficientemente vistoso e latino, não tens nada de clássico em tua aparência. Pareces ser um filho do nosso tempo, mas, como devo observar, um filho um tanto incomum, sim, até mesmo muito incomum. Tu não és um pagão verdadeiro, apenas um pagão que caminha ao lado da nossa religião cristã.

"És realmente um bom solucionador de enigmas. Fazes isso melhor do que muitos outros que me desconheceram completamente".

Teu tom é frio e debochado. ~~Não~~ Nunca quebraste teu coração pelos mistérios mais sagrados da nossa religião?

"Tu és uma pessoa incrivelmente lerda e séria. Sempre és penetrante?"

Quero – diante de Deus – sempre ser tão sério e fiel a mim mesmo, como o tento ser também agora. No entanto, sinto-me pesado em tua presença. Tu ~~és~~ trazes contigo um tipo de ar de forca. Estás fadado a ser [109/110] da escola negra em Salerno,[260] onde são ensinadas artes perniciosas por pagãos e descendentes de pagãos".

"Tu és supersticioso e – alemão demais. Tu acreditas cada palavra daquilo que dizem as tuas escrituras sagradas.[261] Caso contrário, não me julgarias tão duramente".

Longe de mim um juízo duro. Mas meu faro não me engana. Tu te esquivas e és elástico e não queres abrir o jogo. O que escondes?

O Vermelho parece enrubescer ainda mais, ferro ardente parece brilhar através de sua roupa.

---

259 A oração precedente não foi reproduzida no *LN*.
260 Salerno é uma cidade no sudoeste da Itália, fundada pelos romanos. É possível que Jung tenha se referido à Accademia Segreta, que foi estabelecida na década de 1540 e promovia a alquimia.
261 Essa palavra não foi reproduzida no *LN*.

"Não escondo nada, homem ingênuo, ~~ele~~ eu me deleito apenas com tua seriedade ponderosa e com tua veracidade cômica. É algo raro em nosso tempo, especialmente em pessoas que dispõem [110/111] de razão como tu".

Creio que não consegues me entender completamente. Pareces comparar-me com aqueles que tu conheces de pessoas vivas. Mas devo dizer-te pelo bem da verdade que, na verdade, não pertenço a este tempo nem a este lugar. Um encanto estranho há anos me baniu neste lugar e nesta era do mundo. Não sei por que e para quê. Na verdade, não sou como tu me vês.

"Dizes coisas surpreendentes. Eu não sabia disso. Então, quem és?"

Não importa aqui quem eu sou. Estou diante de ti do jeito que sou. Não sei por que estou aqui. Mas sei que é aqui que devo estar e que devo responder a ti segundo meu melhor conhecimento e consciência. Não sei quem és tu, assim como tu não sabes quem eu sou.

"Hm, isso me parece muito estranho. Por acaso, és [111/112] um santo? É improvável que sejas um filósofo, pois não te sentes à vontade com a língua culta. Mas um santo? É mais provável, tua seriedade cheira a fanatismo. Possuis uma atmosfera ética e és de uma simplicidade que me lembra água e pão seco".

Não posso dizer nem sim nem não. Posso dizer apenas que falas como refém do espírito de teu tempo. Faltam-te, como me parece, as comparações.

"Será que também frequentaste a escola dos pagãos? Respondes hábil como um sofista.[262] Como ousas medir-me com a régua da religião cristã se não és um santo?"

Creio que esta seja uma régua que pode ser aplicada mesmo quando não se é um santo no sentido da ~~religião~~ concepção cristã. Acredito ter descoberto que ninguém pode fugir impune [112/113] aos mistérios da religião cristã. Repito que aquele que não quebrou seu coração com o Senhor Jesus Cristo carrega dentro de si um pagão que o separa do melhor.

O Vermelho volta a arder e diz com irritação:[263] "Novamente este velho tom? Para quê, se não és um santo cristão? Será que não és mesmo um maldito sofista?"

---

262 Os sofistas eram filósofos gregos nos séculos 5 e 4 a.C., com centro em Atenas. O ataque de Platão contra eles em *Protágoras* gerou o uso moderno do termo "sofista" com suas conotações negativas: alguém que brinca com as palavras.

263 A oração precedente não foi reproduzida no *LN*.

Estás preso em teu mundo. Mas creio que consigas imaginar que seria possível avaliar corretamente ~~os~~ o valores do cristianismo mesmo ~~sem ser~~ não sendo exatamente um santo.

"És um doutor da teologia, que contempla o cristianismo de fora e o aprecia historicamente? Ou seja, realmente um sofista?["]

És teimoso. O que quero dizer é que dificilmente é um acaso que o mundo inteiro tenha se tornado cristão, mas que uma das grandes tarefas da humanidade – ou, mais precisamente – da humanidade ocidental [113/114] tenha sido carregar Cristo no coração e edificar-se com seu sofrimento, sua morte e ressurreição.

"Bem, existem também os judeus, que são pessoas honestas e que, mesmo assim, não precisaram de teu louvado Evangelho".

Creio que não és um bom conhecedor de pessoas, mesmo que, de resto, pareças conhecer melhor o mundo do que eu.[264] Nunca percebeste que falta algo ao judeu, a um na cabeça, a outro no coração, e que ele mesmo percebe que algo lhe falta?

"Não sou judeu, mas, mesmo assim, devo defender o judeu. Pareces ser alguém que odeia os judeus".

Sem pensar,[265] imitas a fala de todos os judeus que acusam toda avaliação justa de ódio aos judeus,[266] porque sentem esse defeito claramente na presença dos cristãos,[267] assim eles se defendem [114/115] contra esse fato com sensibilidade insensata.[268] Acreditas que toda a luta e todos os sacrifícios de sangue não tenham deixado rastros na alma dos cristãos[269] e acreditas que alguém que tenha vivenciado essa luta[270] em seu íntimo mesmo assim compartilhará de seus frutos? Ninguém pode ignorar um desenvolvimento psíquico de muitos séculos e ceifar o que não semeou.[271]

---

264 A cláusula precedente não foi reproduzida no *LN*.

265 Jung não reproduziu essa palavra no *LN*.

266 Em vez disso, *LN* diz: "repetes todos aqueles judeus que sempre acusam um julgamento não muito favorável a eles de ódio aos judeus" e "ao passo que eles mesmos fazem as piadas mais picantes sobre sua própria raça" é acrescentado (p. 193).

267 "na presença dos cristãos" não foi reproduzido no *LN*.

268 No *LN*, a última cláusula foi substituída por "mas não a querem admitir, são tão suscetíveis a qualquer julgamento" (p. 193).

269 No lugar da cláusula precedente, *LN* diz: "que o cristianismo passou pela alma da pessoa sem deixar vestígio?" (ibid.).

270 "esta luta" não foi reproduzido no *LN*.

271 A oração precedente não foi reproduzida no *LN*. Cf. Mt 25,24: "Aproximou-se também o que tinha recebido apenas um talento, e disse: 'Senhor, sei que és homem duro, que colhes onde não semeaste e recolhes onde não espalhaste'".

O rubro empalideceu um pouco.[272]

"Tu tens argumentos fortes. Mas tua seriedade! Poderias ter uma vida mais confortável. Se não és um santo, realmente não entendo por que tens que ser tão sério. Tu frustras qualquer diversão que poderias ter. O que, diabos, se passa em tua cabeça? Apenas o cristianismo com sua lastimável fuga do mundo é capaz de tornar as pessoas tão lerdas".[273]

Creio que existam também outras coisas que pregam a seriedade. [115/116]

"Ah, já sei, estás falando da vida. Conheço a tua tese. Eu também vivo e nem por isso tenho cabelos grisalhos. A vida não exige seriedade, pelo contrário, é melhor atravessar a vida dançando".

Conheço a dança – sim, se a dança desse conta! A dança pertence ao período do cio. Sei que existem pessoas que estão sempre no período do cio e outras que desejam dançar também para o seu Deus; os primeiros são anciãos e anciãs jubilosos risíveis, ou outros posam com antiguidade, em vez de admitirem honestamente a falta de oportunidades de expressão religiosa.[274]

"Aqui, meu caro, eu retiro uma máscara. Agora serei um pouco mais sério, pois isso diz respeito à minha área. É possível que exista um terceiro para o qual a dança serviria como símbolo". [116/117]

O vermelho do cavaleiro se transforma em um vermelho-carne mais delicado. Da minha veste verde brotam folhas por toda parte. Na verdade, o rubro se parece muito comigo.[275]

Talvez exista também uma alegria perante Deus que possa ser chamada ~~com~~ de dança. Mas ainda não encontrei a alegria. Fico atento às coisas vindouras. ~~Mas~~ Vieram coisas, mas a alegria não estava entre elas.

"Tu não me reconheces, meu irmão? Eu sou a alegria".

Tu queres ser a alegria? Eu te vejo como que através de uma neblina. Tua imagem está desaparecendo diante dos meus olhos. Deixa-me pegar tua mão, amado – Onde estás,? Onde estás?[276]

---

272 A oração precedente não foi reproduzida no *LN*.
273 "e fastidiosas" foi acrescentado no *LN*.
274 Essa palavra não foi reproduzida no *LN*.
275 A oração precedente não foi reproduzida no *LN*.
276 Cf. Schiller, "*Ode à alegria*". Jung citou esse poema como um exemplo da expansão dionisíaca (*Tipos psicológicos*, OC 6, § 216).

²⁷⁷Estou sozinho no aposento da torre. A chuva bate contra as janelas, do lado de fora, uma noite fria e tempestuosa. Sobre minha mesa, vagueia uma pequena chama avermelhada [117/118] para lá e para cá como um fogo-fátuo. Mas seu brilho é caloroso. Um leve perfume de rosas enche o quarto. Está próxima a meia-noite.

A alegria? Era ele a alegria? Ajuda, Deus, o que será?²⁷⁸

––––––––

28.XII.13

²⁷⁹Para onde estendo a minha mão? O que ela pretende pegar? Para qual visão voltava-se o meu olhar? A plenitude infinita é tão boa quanto o nada infinito. Não exigindo, mas orando, nem mesmo implorando. Aproxima-te do limiar da visão. Agora sê grato e crente, jamais pergunte por quê. Jamais julgues aquilo que é colocado em tua mão. Pode parecer-te que são pedras. Mas pedras também podem se transformar em pão. Aguarda com paciência a palavra que fala a tua alma. [118/119]

Ela diz:

"Eu estou aqui. Onde estavas?"

Tenho visto visões de natureza estranha.

"Elas saciaram a tua fome?"

Eu as bebi como alguém que morria de sede. Eu as absorvi com aquela medida de fé e esperança que consigo produzir. Sabes quão pouco isto é. Mas eu não posso dizer que minha fome e minha sede foram saciadas. Tu sabes o quanto anseio por aquilo que chamamos certezas. Mas essas visões são de natureza sombria e duvidosa. Não consigo ver com clareza o que elas pretendem dizer.

"Verás mais coisas – coisas de clareza maior".

Espero em gratidão.

––––––––

---

277 O restante desse registro não foi reproduzido no *LN*. Para o comentário de Jung, cf. *LN*, p. 194-197.

278 Para o comentário de Jung sobre este registro, cf. *LN*, p. 194-197.

279 Domingo. A primeira seção desse registro não foi reproduzida no *LN*.

[119/120] [280]Um castelo na água – numa água escura e pantanosa. Os muros esverdeados e úmidos – uma floresta ao redor – tudo muito solitário e abandonado. É fim da tarde. Sou um viajante que, como parece, se perdeu e chegou a este castelo pela floresta.[281] Uma velha ponte atravessa o lago – o portão está fechado.[282] Bato à porta com a aldraba, pois pareceu-me como se houvesse uma luz numa janela.[283] Espero – está chovendo e cai a noite.[284] Espero e bato mais uma vez. Agora, ouço passos – alguém abre – um homem como um servo com rosto rude em vestes medievais[285] abre a porta e pergunta o que desejo – quero um abrigo para a noite. O servo me deixa entrar – uma antessala baixa, escura, móveis pretos de carvalho. [120/121] Sou guiado para o alto de uma velha escada. No alto, um corredor mais alto e amplo com paredes caiadas – nelas, alguns baús e galhos de cervos. Sou levado até um tipo de sala de recepção. É uma sala simples com móveis estofados simples – ~~uma~~ a luz fosca e difusa de uma lâmpada ilumina do quarto. O servo bate a uma porta lateral e então a abre silenciosamente – é lanço um rápido olhar em seu interior – o escritório de um erudito – estantes de livros em todas as quatro paredes – uma grande escrivaninha, à qual está sentado um idoso em longa batina preta. Ele está ocupado lendo e escrevendo.[286] Com um gesto, ele me convida a entrar. Eu entro. O ar no quarto é pesado, e o velho passa uma impressão preocupada. Ele não é desprovido de dignidade,[287] mas possui aquela expressão modesta e temerosa de uma pessoa culta, [121/122] que, há muito, foi esmagado e reduzido a nada pela plenitude daquilo que se pode experimentar e saber.[288] Penso: um verdadeiro erudito, que aprendeu a grande humildade diante da imensidão do conhecimento e se entregou completamente à matéria da ciência, temeroso –

---

280 *Líber Secundus*, cap. 2, "O castelo na floresta" (*LN*, p. 197). O seguinte foi acrescentado no *LN*: "Na segunda noite imediatamente a seguir, entrei sozinho na floresta escura e notei que me havia perdido. Estou numa estrada de terra muito ruim e vou tropeçando na escuridão".

281 A oração precedente não foi reproduzida no *LN*. O *ínferno* de Dante começa com o poeta se perdendo em uma floresta escura. Há um pedaço de papel nesta página, no exemplar de Jung.

282 "Eu pensei que seria bom pedir aqui pousada para a noite" foi acrescentado no *LN* (p. 197).

283 A cláusula precedente não foi reproduzida no *LN*.

284 A cláusula precedente não foi reproduzida no *LN*.

285 Em vez disso, *LN* diz: "com vestes antiquadas".

286 A oração precedente não foi reproduzida no *LN*.

287 O seguinte foi acrescentado no *LN*: "isto é, parece pertencer àqueles que têm tanta dignidade quanta a gente lhes dá" (p. 197).

288 Essa expressão foi substituída no *LN* por "pela quantidade de saber" (p. 198).

ponderando com justiça, como se ele mesmo devesse representar pessoalmente e de modo responsável o processo da verdade científica.

Ele me saúda ~~porém~~ medroso, tímido, um pouco defensivo. Não me surpreende, pois ~~sou~~ pareço uma pessoa totalmente comum. Ele só consegue desviar seu olhar do trabalho com dificuldade e, como que ausente, pergunta o que desejo.[289] Repito meu pedido por um abrigo para a noite, por um lugar em que possa me deitar para dormir.

"Então queres dormir? Podes dormir em paz".

Percebo que ele está ausente e peço [122/123] que ele comunique isso ao servo, para que ele me indique um aposento.

"Exiges muito — espera — não consigo me desprender agora".

Ele volta a se aprofundar em seu livro. Espero paciente. Após um tempo, ele levanta o olhar, surpreso: "O que queres aqui? Ah — perdão — esqueci completamente que estás esperando aqui. Logo chamarei o servo."

O servo vem e me leva para um pequeno quarto no mesmo andar com paredes nuas e uma grande cama com coberta azul.[290] ~~Então~~ Ele me deseja boa noite e fecha a porta.

[291]Eu tiro as roupas e me deito na cama após desligar a luz, uma lanterna de sebo que não conheço, com uma capinha pontuda de cobre que encontro ao lado da vela.[292] O lençol de linho é áspero, o travesseiro, duro.

Meu descaminho me levou a um lugar estranho — um pequeno castelo antigo, [123/124] cujo dono erudito aparentemente passa aqui a velhice sozinho com seus livros — não parece haver outros seres vivos na casa além do servo, que vive na pequena casa de porteiro — uma existência ideal, porém bastante solitária, esta vida do homem velho com seus livros — penso. Não consigo me livrar do pensamento de que o velho esconde aqui uma bela filha nova — insípida ideia romântica — um tema entediante e esgotado — mas o romantismo está enraizado em meus membros — uma verdadeira ideia romântica — um castelo na floresta — solitário — um ancião enterrado em seus livros que protege um tesouro valioso e se esconde do mundo inteiro. Como são risíveis estes pensamentos que me acometem — é inferno ou purgatório o fato de eu ter que

---

289 'A última cláusula não foi reproduzida no *LN*.
290 A coberta não foi mencionada no *LN*.
291 *LN* acrescenta: "Como eu estivesse cansado" (p. 198).
292 O apagador de velas não é mencionado no *LN*.

inventar em meus descaminhos noturnos também esse tipo de fantasias infantis? Mas sinto-me incapaz de elevar meus pensamentos [124/125] para algo mais sublime ou belo − aparentemente, devo permitir essas fantasias − o que ajudaria suprimi-las, elas voltariam − melhor engolir essa bebida choca do que mantê-la na boca.

E como ela é − essa heroína entediante do meu romance? − Certamente é loura − pálida − olhos cor de água − ansiosamente esperando encontrar em cada viajante perdido o resgatador de sua prisão paternal. − Ah, conheço esse disparate surrado − prefiro dormir − por que, diabos, preciso torturar-me com esse tipo de fantasias vazias?

O sono não vem. Viro e me reviro. Mas nenhum sono vem. Tenho em mim essa alma não remida? E é ela que não me deixa dormir? Tenho uma alma tão romântica? É dolorosamente risível. Será que esta mais choca de todas as bebidas não tem fim? Já deve ser [125/126] meia-noite − e mesmo assim nenhum sono. O que me impede de dormir? Há algo de errado neste quarto? Minha cama está enfeitiçada? − É cruel como ao que a insônia pode levar uma pessoa − até mesmo às teorias medievais mais ilógicas e supersticiosas![293] − Parece fazer frio, estou com frio − talvez seja por isso que não consigo dormir. − − − Na verdade, este lugar é assustador − só os céus sabem o que está acontecendo aqui − não acabei de ouvir alguns passos? Não, deve ter sido algo lá fora no corredor. Viro-me para o outro lado, cerro os olhos − preciso dormir − − a porta não acabou de se abrir? − Meu Deus, tem alguém aí? Vejo bem? Uma moça esbelta, pálida como a morte, está na porta? Não consigo falar de susto e surpresa.[294] Ela se aproxima −

"Chegaste finalmente?", pergunta ela. [126/127]

Impossível, isto é um equívoco terrível, o romance deve tornar-se realidade.[295] A que contrassenso fui condenado? Será que minha alma abriga tais glórias românticas há muito superadas? Isto também precisa me acometer? Estou verdadeiramente no inferno − o pior despertar após a morte, quando se desperta numa biblioteca de empréstimo. Tenho desprezado tanto as pessoas e do meu tempo e seu gosto ~~é para m~~ de modo que sou obrigado a vivenciar e reescrever no inferno os romances que, já no décimo quinto ano de minha vida, me

---

293 Essa palavra não foi reproduzida no *LN*.
294 Essa expressão foi substituída no *LN* por: "Céus, o que é isto?" (p. 199).
295 Acrescentado no *LN*: "quer transformar-se em história estúpida de fantasmas?" (ibid.).

foram abomináveis?[296] Será que a parte inferior do gosto mediano das pessoas também tem direito a santidade e inviolabilidade, de modo que não podemos dizer uma palavra negativa sobre isso sem ter que pagar caro por esse pecado?[297]

"Ai, pensas também tu o ordinário de mim? Também tu deixas transparecer a loucura infeliz [127/128] de que meu lugar é um romance? Também tu, do qual eu esperava que ele tivesse se livrado da aparência e compreendesse a natureza das coisas?"

Perdão — mas és real? Ocorre aqui uma semelhança infeliz demais com aquelas cenas de romance, surradas até a tolice para que eu pudesse supor que és mais do que uma invenção do meu cérebro insone. Minha dúvida é verdadeiramente justificada quando uma situação concorda nesta medida com o tipo de todos os romances medievais sentimentais da pior espécie![298]

"Infeliz, como podes duvidar da minha realidade?"

Aos pés de minha cama, ela cai de joelhos, ~~chorando~~ soluçando e escondendo seu rosto em suas mãos.

Meu Deus, será que, no fim das contas, ela é real, e estou sendo injusto com ela? Minha compaixão desperta. [128/129]

Mas, pelo amor de Deus, dize-me uma coisa: És real? Devo levar-te a sério como realidade?

Ela chora e não responde. Que aventura maravilhosa![299]

Então, quem és?

"Sou a filha do velho, ele me mantém aqui em cativeiro insuportável, não por inveja ou ódio, mas por amor, pois sou sua única filha e a imagem de minha mãe que faleceu precocemente".

Levo minha mão à cabeça: não é esta uma banalidade infernal? É, palavra por palavra, o romance da biblioteca de empréstimo. Deuses, para onde me trouxestes? Eu esperava que esta noite na floresta me permitisse ver uma centelha da luz eterna, e para onde minha oração e minha esperança me levaram?![300] É ridícula, aquela galhofa estridente.[301] Belos viajantes, vós vos tornastes tragicamente esmagados, vós grandes, mas nenhum [129/130] de vós se fez de bobo.

---

296 No *LN*, a última cláusula foi substituída por: "sobre os quais já cuspi há muito tempo?" (ibid.).
297 *LN* acrescenta: "no inferno" (ibid.).
298 Em vez dessa expressão, *LN* diz: "romance sentimental" (p. 200).
299 A oração precedente não foi reproduzida no *LN*.
300 A oração precedente não foi reproduzida no *LN*.
301 Essa expressão foi substituída no *LN* por "é para chorar" (p. 200).

Conseguistes preservar a dignidade, este mais belo dos bens da humanidade – também no inferno.[302] O banal e o eternamente risível, o tremendamente batido, vos foram colocados como dádiva dos céus nas mãos erguidas em oração. É esta a minha parte?[303]

Mas ela continua ali e chora – e se ela fosse real? Então ela seria lamentável, cada pessoa teria compaixão com ela. Se ela for uma menina decente – o quanto deve custado a ela entrar no quarto de um homem estranho! O quanto deve ter sofrido até ~~se~~ superar o seu pudor?

Minha querida criança, quero acreditar, apesar de tudo e de todos, que és real. O que posso fazer por ti?

"Finalmente, finalmente uma palavra de boca humana".

Ela se levanta, seu rosto brilha. [130/131] Ela é linda como um anjo.[304] Há uma pureza profunda em seu olhar. Ela possui uma alma, linda e alheia ao mundo, uma alma que deseja alcançar a vida da realidade, toda a realidade lastimável[305] que destrói, suja, dilacera – e purifica e purifica novamente as almas. Ah, essa beleza da alma! Quando, ficando cega, entra no banho da sujeira e quando emerge perdida e sem noção, atravessa os crepúsculos até o reino da luz eterna[306] – que espetáculo!

"O que podes fazer por mim? Já fizeste muito por mim. Tu falaste a palavra redentora quando deixaste de colocar o banal entre ti e mim. Pois saibas que eu estava exilada pelo banal".

Ai de mim, agora estás exagerando no conto de fadas!

"Sê sensato, meu querido amigo, e não tropeces agora também sobre o conto de fadas, [131/132] pois a menina é apenas a ancestral[307] do romance e de validade muito mais geral do que o romance mais lido de teu tempo. E tu sabes bem que aquilo que, há milênios, ~~havia está~~ passa pela boca de todas as pessoas já é o mais mastigado, mas é que mais se aproxima da ~~maior~~ mais alta verdade humana. Portanto, não deixa que o conto de fadas fique entre nós".[308]

---

302 A oração precedente não foi reproduzida no *LN*.

303 A oração precedente não foi reproduzida no *LN*.

304 A última cláusula dessa oração não foi reproduzida no *LN*.

305 A última parte dessa oração foi substituída no *LN* por "ao banho de lama e o poço de saúde" (p. 200).

306 A parte precedente dessa oração foi substituída no *LN* por "Vê-la descer para o submundo da realidade" (p. 200).

307 Essa palavra foi substituída no *LN* por "avó" (p. 201).

308 Em seu estudo "Wish Fulfillment and Symbolism in Fairy Tales" (*Psychoanalytic Review* I, 1913, p. 95) de 1908, o colega de Jung Franz Riklin argumentou que os contos de fadas eram as invenções espon-

Tu és esperta e não pareces ter herdado a sabedoria de teu pai. Mas o que pensas sobre as verdades divinas, as chamadas verdades últimas? Acharíamos muito estranho procurá-las na banalidade. Segundo sua natureza, elas devem ser muito incomuns. Basta pensar em nossos grandes filósofos!

"~~Essas verdades são realmente incomuns~~ Quanto mais incomuns forem as verdades últimas, mais desumanas deverão ser e menos poderão te dizer algo precioso ou sensato sobre a [132/133] natureza e o ser humanos. Apenas o que é humano e que tu difamas como banal e trivial contém a sabedoria que procuras. O romance ~~banal~~ e ~~até~~ ainda mais o conto de fadas não fala contra mim, ~~e~~ mas a meu favor e demonstra o quanto sou universalmente humana e o quanto não só necessito da redenção, mas também a mereço. Pois consigo viver no mundo da realidade tão bem quanto ou até melhor do que muitas outras do meu sexo".

Estranha garota, tu és desconcertante. Quando vi teu pai, eu esperava que ele me convidaria para uma conversa culta. Ele não o fez, e eu fiquei decepcionado, pois senti-me um pouco ferido em minha dignidade por seu desleixo distraído. Mas contigo achei algo muito melhor. Tu me dás matéria para pensar. Tu és incomum.

"Tu te enganas, eu sou muito comum".

Não consigo acreditar nisso. Quão bela [133/134] e digna de adoração é a expressão de tua alma em teus olhos. Feliz e invejável é o homem que se casará contigo.

"Tu me amas?"

Por Deus, eu te amo – mas – hm, infelizmente já sou casado.

"Então, como vês, tua realidade "banal" é até um redentor". Eu te agradeço, querido amigo, e te saúdo em nome de Salomé".

Com essas palavras, sua figura se dissolve na escuridão. A fosca luz da lua invade o quarto. No ~~chão~~ local onde ela esteve, parece estar deitado algo

---

tâneas da alma humana primitiva e refletiam a tendência geral em direção à realização de sonhos. Em *Wandlungen und Symbole der Libido*, Jung viu contos de fadas e mitos igualmente como representando imagens primordiais. Em sua obra tardia – por exemplo, em "Sobre os arquétipos do inconsciente coletivo" (OC 9/I, § 6) – ele os viu como expressões de arquétipos. Marie-Louise von Franz, aluna de Jung, desenvolveu a interpretação psicológica de contos de fadas numa série de obras. Cf. Von FRANZ, M.-L. *The Interpretation of Fairy Tales*. Boston: Shambhala, 1996.

escuro. Eu salto da cama – é uma abundância de rosas vermelhas escuras. Com lágrimas nos olhos, eu as aperto contra meus lábios.[309]

29.XII.13

[310]Creio que não há nada que devamos melhorar nos outros. Fazê-lo em si mesmo [134/135] até nas menores coisas, é isso que parece ser necessário. Não mais dirão "Deves" ou "Deveis", mas "Devo", se, antes, já não tenha me passado pela mente dizer: "Quero".

Que fardo e perigo é a vaidade! Não existe nada do qual não poderíamos ser vaidosos. Não existe coisa mais difícil do que definir os limites da vaidade. Um criador se resguarde sobretudo do sucesso, mesmo que precise dele.

Fim de tarde – uma paisagem coberta de neve.[311] Caminho novamente. A mim se juntou alguém que não parece ser confiável. Acima de tudo, ele tem apenas um olho e também outras cicatrizes no rosto. Suas roupas são pobres e sujas – um vagabundo. Ele tem uma barba preta curta, que, há semanas, não vê uma navalha. Por causa do frio, ele fechou os botões [135/136] da gola, e seu nariz está um pouco vermelho.[312] Tenho um bom cajado para todos os casos.

"Está muito frio", ele diz depois de um tempo.

Eu concordo. Após uma pausa mais longa: "Para onde vais?" ~~Eu~~

Vou ainda até a próxima aldeia, onde pretendo passar a noite no albergue.

---

309 A oração precedente não foi reproduzida no *LN*. Em "Aspectos Psicológicos da Core", Jung descreveu esse episódio da seguinte forma: "Uma casa isolada numa floresta. Nela mora um velho sábio. Aparece de repente sua filha, uma espécie de fantasma, queixando-se de que as pessoas sempre a consideram como mera fantasia" (OC 9/I, § 361). Jung comentou (após suas observações referentes ao episódio de Elias e Salomé acima, nota 249): "O sonho 3 apresenta o mesmo tema, porém em um plano mais semelhante ao do conto de fadas. Aqui a *anima* é caracterizada como um ser fantasmagórico" (OC 9/I, § 373). Para o comentário de Jung sobre esse registro, cf. *LN*, p. 202-207.

310 Segunda-feira. *Liber Secundus*, cap. 3, "Um dos degradados" (*LN*, p. 208ss.). Os dois parágrafos seguintes não foram reproduzidos no *LN*.

311 No *LN*, Jung acrescentou a essa descrição "de aspecto familiar" e a seguinte oração: "Um céu de anoitecer cinzento encobria o sol. O ar é de frio úmido" (p. 208).

312 A linha precedente não foi reproduzida no *LN*.

"Também quero fazer isso. Mas dificilmente conseguirei uma cama".

Falta-te dinheiro? Bem, veremos. Não tens emprego?

"Então, os tempos são ruins. Até alguns dias atrás, estive trabalhando para um serralheiro. Depois não tive mais trabalho. Agora estou a caminho e procuro ganhar algo".[313]

Não queres trabalhar para um fazendeiro? No campo sempre falta mão de obra?

"Não gosto de trabalhar para fazendeiros. És obrigado a levantar cedo de manhã, o trabalho é duro, e o salário é baixo". [136/137]

Mas no campo é sempre muito mais bonito do que na cidade.

"O campo é entediante. Não se vê ninguém".

Bem, existem pessoas também na aldeia.

"Mas não há estímulo intelectual. Os camponeses são brutos".

Eu o olho surpreso: O quê? Ele quer também estímulo intelectual? É melhor que ele ganhe seu sustento honestamente, e quando tiver feito isso, aí sim ele pode pensar também em seu "estímulo intelectual".

Sim, mas que tipo de estímulo intelectual tens na cidade?

"À noite, é possível ir ao cinema. Isso é maravilhosamente interessante" e barato. Lá, pode-se ver o que acontece no mundo".

Penso no inferno. Creio que lá também existam cinematógrafos para aqueles que desprezavam esse instituto na terra e não entravam, porque todos [137/138] os outros gostavam disso. Será o cinematógrafo uma verdade de validade universal? Ó Salomé![314]

O que mais te interessou no cinematógrafo?

"Ele mostra várias artes belas. Havia um homem que subia pelas paredes das casas. Outro carregava sua própria cabeça sob o braço. Outro até estava no meio do fogo e não se queimou. Sim, é curioso tudo que as pessoas podem fazer".

E é isso que a pessoa chama estímulo intelectual! Mas, espera, isso parece ser estranho: Felix e Regula também não carregavam sua cabeça sob o braço?[315] E não se elevaram do chão também o São Francisco e Santo Inácio de Loyola,

---

313 *LN* tem, em vez disso: "Agora estou na estrada e procuro emprego" (p. 208).

314 As duas orações precedentes não foram reproduzidas no *LN*.

315 O emblema da cidade de Zurique estampa esse motivo e mostra os mártires Félix e Regula, e Exuperâncio, do final do século III.

e os três homens na fornalha?[316] Não ~~xx~~ é uma ideia blasfema contemplar os *Acta Sanctorum* como um cinema histórico?[317] Os milagres de hoje em dia são menos místicos do que técnicos. Olho para meu acompanhante com comoção. Ele vive a história do mundo, penso.[318] [138/139]

Certamente, isso é muito bem-feito. E tens visto outras coisas interessantes?

"Sim, eu vi como o rei da Espanha foi assassinado".

Bem, mas ele não foi assassinado.

"Não, isso não importa, pois então foi um outro desses malditos reis ou imperadores capitalistas. Pelo menos um foi levado. Eu queria que todos fossem levados, para que o povo ficasse livre".

Não ouso dizer outra palavra. *Guilherme Tell*, uma obra de Friedrich von Schiller. O homem se encontra no centro da correnteza de história heroica, um homem que proclama a novos povos a notícia do tiranicídio.[319]

Conversando desse modo, alcançamos o albergue – uma taberna de camponeses. Um salão razoavelmente limpo[320] com um feio forno de ferro – uma bancada ou bufê com torneira de cerveja incomoda numa posição indevida. Alguns homens estão sentados num canto [139/140] tomam cerveja morna e jogam cartas.[321] Eu sou reconhecido como "senhor" e sou guiado para o canto melhor, onde uma toalha quadriculada cobre uma extremidade da mesa. O outro se senta à outra ponta da mesa, e eu decido oferecer-lhe um bom jantar. Ele já está me olhando com fome e expectativa – com o seu único olho.

Onde foi que perdeste o teu olho?

"Numa briga. Mas eu esfaqueei bem o outro. Depois, ele pegou três meses. Eu fui condenado a seis. Mas foi um tempo bom na prisão. Na época, era um

---

316 Isso parece ser uma referência a Sidrac, Misac e Abdênago (Daniel 3), que, à ordem de Nabucodonosor, são colocados numa fornalha por se recusarem a adorar o ídolo dourado que ele erguer. Eles saem ilesos do fogo, o que leva Nabucodonosor a decretar que ele cortará em pedaços qualquer um que falar contra o seu Deus.

317 Os *Acta Sanctorum* são uma coleção das vidas e lendas dos santos, arranjadas de acordo com seus dias festivos. Publicadas por jesuítas na Bélgica conhecidos como Padres Bollandistas, elas foram começadas em 1643 e alcançaram 63 volumes em formato fólio.

318 No lugar dessa última cláusula, *LN* diz: "e eu?" (p. 209).

319 Em *Guilherme Tell* (1805), Schiller dramatizou a revolta dos cantões suíços contra o governo do império austríaco de Habsburgo no início do século XIV, que levou à fundação da confederação suíça. No ato 4, cena 3, Guilherme Tell mata Gessler, o representante imperial. Stüssi, o guarda, anuncia: "O tirano da terra está morto. Daqui em diante, não sofreremos opressão. Somos homens livres" (trad. W. Mainland [Chicago: University of Chicago Press, 1973], p. 119).

320 O restante dessa oração não foi reproduzido no *LN*.

321 A última cláusula não foi reproduzida no *LN*.

prédio totalmente novo. Trabalhei na serralheria e na ferraria. Não tínhamos muito trabalho, mas a comida era boa. A prisão não é tão ruim assim".

Eu olho em volta para garantir que ninguém ouça como eu converso com um ex-prisioneiro. Ninguém, porém, parece ter percebido. Pareço [140/141] ter me metido numa sociedade bem limpa. Será que no inferno também existem prisões para aqueles que nunca estiveram numa? Falando nisso, não deve ser uma sensação curiosamente linda alcançar, uma vez, o chão da realidade, de onde não há como cair mais fundo, mas, no máximo, a possibilidade de subir? Quando toda a altura da realidade está diante de nós?

"Depois me encontrei no olho da rua porque me baniram do país. Então fui para a França. No início, não entendi a língua por muito tempo, mas consegui me virar. E foi lindo".

Que condições são estas que a beleza impõe! É possível aprender algo da pessoa.

A sopa é servida, uma água rala e quente, que eu degusto criticamente. Ele se dedica a ela com devoção e logo esvaziou totalmente a sua enorme panela de sopa.[322]

Mas qual foi o motivo da tua briga?

"Foi por causa de uma mulher. Ela tinha dele um filho ilegítimo, mas eu queria me casar com ela. Era uma moça direita. Depois, ela não quis mais. Eu não tive mais notícias dela". [141/142]

Qual é a tua idade agora?

"Na primavera, completarei 35 anos. Agora só me falta um trabalho bom, depois queremos nos casar. Eu ainda conseguirei um emprego. No entanto, tenho um problema nos pulmões. Mas, em algum momento, isso também melhorará ~~um pouco~~".

Ele sofre uma forte crise de tosse. Penso que sua perspectiva de um casamento não é justamente brilhante e admiro em silêncio o otimismo inabalável deste pobre diabo.

Depois do jantar, deito-me num aposento miserável para dormir. Ouço como, ao lado, meu camarada[323] se deita em sua cama. Ele sofre várias crises de tosse violenta e seca. Então, tudo se cala. Eu adormeço.

---

322 Esse parágrafo não foi reproduzido no *LN*.
323 *LN* diz "o outro" (p. 210).

De repente, um gemido e um gargarejo assustador, misturados com uma tosse sufocada, me despertam. Durante um tempo, ouço com atenção. Não há dúvida, é o meu camarada.[324] Parece ser algo perigoso. Eu me levanto e me visto com o necessário. Abro a porta de seu quarto. A lua inunda o quarto. Ele está vestido e deitado sobre um saco de palha. [142/143] Sua boca jorra sangue escuro e forma uma grande poça no chão. Ele geme meio sufocado e, tossindo, expele uma massa de sangue. Ele tenta se levantar, mas cai de volta em seu leito. Eu corro para lhe dar apoio. Mas vejo que a morte já pôs a mão nele. Ele está completamente coberto de sangue. Minhas mãos também estão banhadas em sangue. Uma última palavra sai de sua boca: "Mãe".[325] Então, toda rigidez se dissolve, uma leve contração percorre mais uma vez os seus membros. Então, tudo está morto e calmo.

Deus, onde estou? Existem no inferno também óbitos para aqueles que nunca pensam na morte? Contemplo minhas mãos ~~san~~ úmidas de sangue. Devo parecer um assassino ou sacrificador. Não ~~era~~ é o meu irmão cujo sangue tenho em minhas mãos? A lua projeta minha sombra negra sobre a parede branca de cal do pequeno quarto. O que faço aqui? Para que este triste espetáculo? Olho perguntando para a lua como única testemunha desta cena. [143/144] Como isso diz respeito à lua? Ela já não viu coisa pior? Ela não brilhou nos olhos mortos de centenas de milhares? Isso certamente é inútil para suas crateras eternas — um a mais ou a menos. A morte, ela não revela o terrível engano da vida? Portanto, deve não importar à lua, se e como alguém parte. Apenas nós fazemos um drama disso — com que direito? O que este fez? Ele trabalhou, bebeu, comeu, dormiu, se apaixonou por uma mulher e, por ela, abriu mão de seu bom nome, além do mais, viveu bem ou mal o mito humano, ele admirou milagreiros, e elogiou a morte de um tirano e vagamente sonhou com a liberdade do povo. E então — então ele morreu miseravelmente — como todos os outros.

Isso é geralmente válido. Graças a ti, minh'alma",[326] coloquei-me no fundamento mais baixo. Daqui, não há como cair mais, apenas como subir.[327]

---

324 *LN* diz "o outro" no lugar de "meu camarada" (p. 211).
325 A oração precedente foi substituída no *LN* por "Solta um suspiro de estertor" (p. 211).
326 As duas cláusulas precedentes não foram reproduzidas no *LN*.
327 A oração precedente não foi reproduzida no *LN*.

Que sombras sobre a terra! As [144/145] luzes se apagam em último desânimo e solidão. A morte veio, e não há mais ninguém para lamentar. Isto é uma última verdade e nenhum enigma. As últimas verdades humanas não são enigmas. Por que pensávamos que eram enigmas?[328] Que ilusão pôde fazer-nos acreditar em enigmas?

[329]Minh'alma, tu és terrivelmente real. Com um forte solavanco me pões nas pedras pontudas de morte e miséria. Sinto-me fraco e desgraçado – meu sangue – meu caro sangue de vida escorre por estas pedras.

Saio do quarto do terror e salvo sorrateiramente minha vida nua.

Minha alma, tenho pavor de ti!

Devo ser um jogador da vida, que precisa ouvir tais palavras.

---

328 As duas orações precedentes não foram reproduzidas no *LN*.

329 O restante desse registro não foi reproduzido no *LN*. Para o comentário de Jung sobre esse registro, cf. *LN*, p. 211-215.

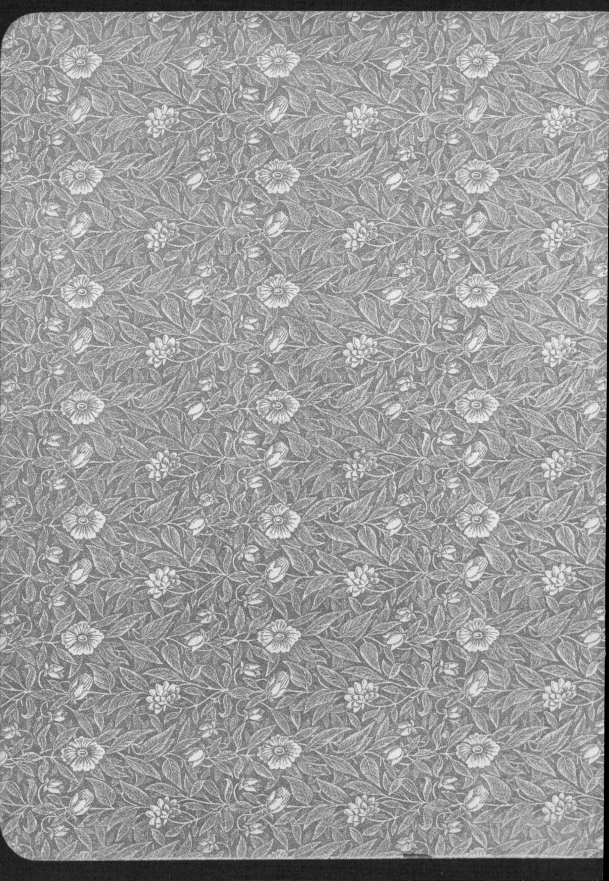